नॉन रेज़िडेंट बिहारी

कहीं पास कहीं फेल

शशिकांत मिश्र

नॉन रेज़िडेंट बिहारी

कहीं पास कहीं फेल

फंडा
funda
राधाकृष्ण का उपक्रम

यह पूरी तरह से एक काल्पनिक कथा है। किसी भी जीवित व्यक्ति या सत्य घटना से इसका कोई सम्बन्ध नहीं। अगर कहीं कोई साम्य है तो वह मात्र संयोग है।

ISBN : 978-81-8361-796-3

मूल्य : ₹150

पहला संस्करण : 2015
चौथा संस्करण : 2019

राधाकृष्ण का उपक्रम

प्रकाशक
राधाकृष्ण प्रकाशन प्राइवेट लिमिटेड
जी-17, जगतपुरी, दिल्ली-110 051

शाखाएँ : अशोक राजपथ, साइंस कॉलेज के सामने, पटना-800 006
पहली मंजिल, दरबारी बिल्डिंग, महात्मा गांधी मार्ग, इलाहाबाद-211 001
36 ए, शेक्सपियर सरणी, कोलकाता-700 017

वेबसाइट : www.radhakrishnaprakashan.com
ई-मेल : info@radhakrishnaprakashan.com

मुद्रक : बी.के. ऑफसेट
नवीन शाहदरा, दिल्ली-110 032

NON RESIDENT BIHARI
by Shashikant Mishra

बड़का बाबूजी को

जो है सो...

एक्सिडेंटल नॉवल 'नॉन रेजिडेंट बिहारी' आपके हाथ में है। एक्सिडेंटल इसलिए क्योंकि इस उपन्यास के जन्म से लेकर आपके हाथ में पहुँचने तक का सफर केवल और केवल हादसों का सफर है। पहला हादसा उस दिन हुआ था जिस दिन मैं 'भोले बाबा की बूटी' के साथ 'मुक्ति दिवस' का जश्न मना रहा था। बीवी मायके गई हुई थी और मैं अपनी स्थायी कड़की से निजात पाने के लिए किसी साइड बिजनेस का आइडिया तलाश रहा था। बिजनेस ऐसा होना चाहिए जिसमें पूँजी न लगे, नौकरी के साथ किया जा सके और समय भी ज्यादा न लगे। जाहिर है, समस्या गम्भीर थी। अचानक खयाल आया कि पेपर में दुबले-पतले आर्टिकल लिखता था, इस बार मोटा-ताजा उपन्यास लिख डालता हूँ।

पहला हादसा दूसरे हादसे की तैयारी में जुट गया। किस टॉपिक पर लिखा जाए? दिमाग ने कहा कि एनआरआई लोगों पर लिखा जाए। वे अपनी जमीन छोड़कर, सात समन्दर पार जाकर, कितनी मेहनत से अपना शानदार आशियाना तैयार करते हैं। एक खयाल यह भी था कि एनआरआई टॉपिक पर बनी कलरफुल फिल्में हिट रही हैं, मेरा उपन्यास भी हिट रहेगा।

यहीं पर दूसरा हादसा हो गया। दिल में बसे 'एनआरबी' दोस्त खयालों में आकर अड़ गए। 'पार्टनर, अपने स्ट्रगल की कहानी किसी एनआरआई से कम थोड़े है! 'सेंट बोचस स्कूल' का प्रोडक्ट होने के बावजूद 'लालबत्ती' का हौसला दिखाते हैं और बिहारी होने के बावजूद प्यार-मोहब्बत करने की जुर्रत करते हैं। मामूली बात है!'

दोस्तों की बात कभी नहीं काट सका हूँ। लैपटॉप उठाया और लग गया अपने 'साइड बिजनेस' में। मेरी भूमिका बस टाइपिस्ट की रही। दोस्त खयालों में आकर अपनी कहानी खुद सुनाते चले गए, मैं बस टाइप करता गया। टाइपिंग की स्पीड अच्छी है, लिहाजा 'मुक्ति-माह' खत्म होने से पहले ही उपन्यास खत्म हो गया।

तीसरा हादसा उस दिन हुआ, जिस दिन मैं अपने उपन्यास को लेकर विप्लव राही के पास पहुँचा। वे जिस तरह से न्यूज रूम में मेरे किसी 'कम्पलिकेटेड पैकेज' को दुरुस्त करते हैं, उसी अन्दाज में नॉवल को दुरुस्त करने लगे।

"ये टॉपिक अच्छा है, यह यहाँ नहीं जँच रहा है और ये इंडिया गेट के पेड़ पर सम्भोग! कुछ ज्यादा नहीं हो रहा है शशि?" मैंने कहा, "सर, ये कल्पना नहीं, हकीकत है।" "क्या! कब! कौन-कौन?" मैं उनके पास सम्भोग पर संवाद करने नहीं पहुँचा था। साइड बिजनेस के सक्सेस होने की सम्भावना टटोलने गया था। "सर, छोड़िए उस बात को, यह बताइए कि कमाई कैसी होगी?" झटका लगा उन्हें। "तुमने यह नॉवल कमाई के लिए लिखा है? भला कोई उपन्यास भी कमाई के लिए लिखता है?" मैं खामोश हो गया। दूसरे साइड बिजनेस तो कुछ चूना लगाने के बाद बन्द हुए थे, यह तो शटर खुलने से पहले ही बन्द हो गया!

मैं खामोशी से नौकरी के साथ किसी और साइड बिजनेस का आइडिया तलाशने लगा, लेकिन समस्या यहीं पर खत्म नहीं हुई। मेरे शुभचिन्तकों को खबर लग चुकी थी कि मैंने उपन्यास लिखने की हिमाकत कर डाली है। सब पीछे पड़ गए, "किसी साहित्यकार से एक्सपर्ट कमेंट लो और पता तो करो कि आखिर लिखे क्या हो?"

मैं एक अदद एक्सपर्ट कमेंट के लिए तरसकर रह गया था। गलती मेरी ही थी। तथाकथित पढ़े-लिखे लोगों से कभी कोई रिश्ता-नाता रखा नहीं था। दरअसल उनसे अपनी 'वेवलैंथ' मैच करती नहीं है। मेरे दोस्त, मुझसे भी बढ़कर नमूने! करूँ तो क्या करूँ?

इसी मनोदशा में एक दिन मैम शीला रावल के सामने

अपने दिल की बात रखी। उन्होंने मेरे उपन्यास को देखने का वादा किया। अगले दिन मैं घर से प्रिंट लेकर ऑफिस आया तो पता चला कि वे लम्बी छुट्टी पर बाहर चली गई हैं। मैं खामोशी से अपनी कुर्सी पर बैठा हुआ अपने नॉवल को एक के बाद एक हादसे का शिकार होते देख रहा था।

उसी दिन एक और हादसा हो गया। शाजी सर से मेरी नजर टकरा गई और हादसा यह हुआ कि मैंने छह साल में पहली बार अपने मन से उनके केबिन में जाने का फैसला कर लिया। इससे पहले हर बार उन्हीं के केबिन से बुलावा आया था। ज्यादातर बार 'प्रसाद' के लिए—''ग्रॉफिक्स के ऊपर टॉप क्यों लगा है? इतनी सेंसेटिव स्टोरी और म्यूजिक इतना तेज और पैकेज शुरू कहाँ से हुआ, पहुँच कहाँ गया? पैकेज चेन की तरह होना चाहिए। कड़ी से कड़ी जुड़ी हुई।''

जाहिर है, ऐसे में केबिन से दूरी बनाए रखना ही श्रेयस्कर मानता था; लेकिन उस दिन पता नहीं क्या हुआ कि उपन्यास को लेकर सर के पास पहुँच गया। मन में था कि इतने बड़े पत्रकार हैं। दो-दो उपन्यास लिख चुके हैं। चाहें तो मेरी मेहनत का सही मूल्यांकन कर सकते हैं। लेकिन वे तो मेरे हाथ में उपन्यास देखकर ही दंग हो गए।

''उपन्यास लिख डाला! पहली बार लिखा है! लेकिन शशि थोड़ा टाइम देना होगा, अभी बहुत बिजी हूँ।''

मन में सोचा था कि करीब दो साल से उपन्यास लैपटॉप में कैद है, दो साल और सही। लेकिन बमुश्किल पन्द्रह-बीस दिनों में केबिन से बुलावा आ गया और इस बार मनचाहा 'प्रसाद' मिला। सर ने क्या कुछ कहा होगा, उसका अन्दाजा इसी बात से लगा लीजिए कि उस शाम को खुशी में 'ढक्कन' दो हाथ ऊपर उछल गया था। इसी बीच शीला मैम ने भी उपन्यास देखने के बाद बहुत बड़ा तमगा मेरे नाम कर दिया।

तो जनाब, इसके बाद बात निकल पड़ी और रघु के सौजन्य से बोधिसत्व जी तक जा पहुँची। उनके स्नेह का पात्र बना रहूँ, क्या लिखूँ? अपने तमाम एनआरबी दोस्तों और घर-परिवार के बारे में भी क्या लिखूँ? उन्हीं की तो कहानी है—

एनआरबी। और इस उपन्यास के बारे में भी खुद लिखने का कोई तुक नहीं। एक्सपर्ट कमेंट के लिए दो साल तक भटका था, उम्मीद है कि आपके कमेंट के लिए इतना इन्तजार नहीं करना पड़ेगा।

—शशिकांत मिश्र

कटिहार के जिला अस्पताल में भागदौड़ मची हुई थी। सीनियर लेडी डॉक्टर के हाथ-पैर फूले हुए थे। वह कुछ तय नहीं कर पा रही थी कि करे तो क्या करे? इतना कॉम्पलिकेटिड केस! बच्चे को बचाए या माँ को—यह ऑप्शन भी नहीं बचा था! दूसरी लेडी डॉक्टर डर के मारे हाथ भी नहीं लगा रही थी। बाहर औरत के घरवालों की भीड़ थी।

''केस बिगड़ने के बाद अस्पताल ले आए। लेकिन कुछ हो गया तो सारा दोष डॉक्टर का।''

बेचैनी से अपने कमरे में टहल रही थी सीनियर डॉक्टर। दूसरी लेडी डॉक्टर खामोशी से उनकी बात सुन रही थी।

''मारपीट-हंगामा! कितना समझाया कि किसी प्राइवेट नर्सिंग होम में ले जाओ, लेकिन कोई तैयार नहीं हुआ। उलटे एमएलए से फोन करा दिया और वो कमीना एमएलए! कह रहा है कि आप बस इनका दिल रख लो! एक बार अस्पताल में भर्ती कर लो, बाकी जीना-मरना तो ऊपरवाले के हाथ में है।''

''क्या, उसने ऐसा कहा?'' दूसरी लेडी डॉक्टर ने हैरत से पूछा।

''हाँ, और नहीं तो क्या? टुच्चा कहीं का! साफ-साफ कह देती हूँ कि ट्राई करती हूँ, लेकिन जच्चा-बच्चा किसी की गारंटी नहीं होगी। तैयार होंगे तो ऑपरेशन करूँगी, नहीं तो हाथ भी नहीं लगाऊँगी।''

कोई दूसरा रास्ता नहीं देखकर आखिर में ऑपरेशन का मन बनाया लेडी डॉक्टर ने।

''मैम, मैं एक बार ट्राई करूँ?''

''तुम,'' सीनियर लेडी डॉक्टर चौंकी।

कम्पाउंडर था अस्पताल का वह। 11 हजार की सैलरी थी लेकिन हर महीने 21 हजार का पेट्रोल फूँकता था। जोड़-तोड़ से अस्पताल यूनियन का सेक्रेटरी बना हुआ था। अस्पताल के सारे ठेके उसी को मिलते थे। लोकल एमपी, एलएलए का भेदिया था वह।

''तुम क्या करोगे?''

''चलिए तो, वहीं देख लीजिएगा।''

लेडी डॉक्टर हैरान-परेशान उसका मुँह देख रही थी।

''दो मिनट लगेगा मैम। कहीं कोई खतरा नहीं। मैं लेबर रूम के अन्दर पैर भी नहीं रखूँगा। बस दरवाजे के बाहर से दो शब्द कहूँगा। सब ठीक हो जाएगा।''

''क्या बकवास कर रहे हो? कौन-सा मंत्र पढ़ोगे जो सब ठीक हो जाएगा?''

''अब ये नहीं बता सकता मैम। बस आप चलिए। कहीं देर न हो जाए। पहले ही काफी लेट हो चुका है।''

दोनों लेबर रूम के दरवाजे पर आए। अन्दर से माँ की दिल दहलानेवाली आवाज आ रही थी। किसी का भी कलेजा मुँह को आ जाए!

कम्पाउंडर ने दरवाजे पर मुँह लगाया और कसकर चिल्लाया—''आज यूपीएससी के फॉर्म भरने का आखिरी दिन है, बेटे! चूक गए तो फिर एक साल तक इन्तजार करना पड़ेगा।''

यह क्या! उधर से तुरन्त छोटे बच्चे के रोने की तेज आवाज आई। कुहुँ...कुहुँ...! माँ की दर्दभरी आवाज धीरे-धीरे शान्त होने लगी। एक नन्हा एनआरबी धरती पर आ चुका था, फ्यूचर में लालबत्ती का ख्वाब लिये।

लेडी डॉक्टर मुँह फाड़े कम्पाउंडर को देख रही थी। मेडिकल साइंस का इतना बड़ा चमत्कार! न कहीं पढ़ा, न कहीं सुना, न कहीं देखा! न भूतो, न भविष्यति! सिर पकड़ लिया उन्होंने।

''मैडम सँभल के, कहीं गिर न जाएँ!''

''यह क्या चमत्कार कर दिखाया तुमने?''

''मैडम, बस ऐसे ही!''

''नहीं, नहीं, यह हुआ कैसे? यह कैसा चमत्कार किया तुमने?''

''कुछ नहीं मैडम, बस, पुराना तजुर्बा काम कर गया!''

''पुराना तजुर्बा! पहेलियाँ मत बुझाओ! साफ-साफ बताओ, ये किया कैसे तुमने?''

''अरे, कुछ नहीं मैडम! मैं भी इसी तरह पैदा हुआ था।''

इस बार लेडी डॉक्टर अपने आपको नहीं सँभाल पाई। बेहोश होकर वहीं गिर पड़ी।

'' बिहार की नहीं हैं, इसीलिए इनको नहीं पता। यहाँ की होतीं तो बच्चा पैदा करने का एक यह तरीका भी जान रही होतीं।'' कम्पाउंडर ने तरस-भरी नजरों से सीनियर लेडी डॉक्टर को देखा और उसकी बेहोशी की मीमांसा कर उसने झटपट यह निष्कर्ष पेश कर दिया।

इक्कीस साल बाद...

"गुवाहाटी से चलकर दिल्ली तक जानेवाली महानन्दा एक्सप्रेस प्लेटफॉर्म नम्बर आठ से खुलनेवाली है। जिन यात्रियों को..."

कटिहार रेलवे स्टेशन पर जिस वक्त ट्रेन खुलने का एनाउंसमेंट हो रहा था, उस वक्त राहुल प्लेटफॉर्म की सीढ़ियाँ उतर रहा था। एक हाथ में बड़ा-सा वीआईपी सूटकेस जो भैया की शादी में मिला था। दूसरे हाथ में टँगा था बैग। उसका बाकी सामान लेकर उसके तमाम दोस्त पहले से प्लेटफॉर्म पर थे। सभी राहुल और उसकी गर्लफ्रेंड को गाली दे रहे थे।

"साला, महबूबा के गले लगकर रो रहा होगा!"

"अबे, रो तो वो रही होगी, ये स्साला तो...!"

उन्मुक्त ठहाके गूँज रहे थे प्लेटफॉर्म पर।

दौड़ते-हाँफते राहुल पर नजर पड़ी तो सारे दोस्त उसकी तरफ लपके। जल्दी से उसके हाथ से वीआईपी और बैग लेकर गेट पर खड़े बंगाली मोशाय के पैर पर फेंका। बंगाली बाबू के मुँह से कुछ मंत्र जैसे शब्द निकले, लेकिन उन्होंने कहा कुछ नहीं। बस बुदबुदाकर रह गए...असभ्य...असंस्कारी... जंगली मानुष! किसी ने उनकी बात पर गौर नहीं किया। जल्दी-जल्दी सबने राहुल को गले लगाया और राहुल चलती ट्रेन में सवार हो गया।

एक और एनआरबी का अन्तहीन सफर शुरू हो चुका था। लालबत्ती की तलाश उसे जिन्दगी के किस मुकाम तक ले जाएगी, किसी को खबर नहीं! माँ ने बहुत-से पंडितों से दिखाया था। सबने कहा था कि बेटे का भविष्य उज्ज्वल है।

"देख लेना, मेरा बेटा लालबत्ती वाली गाड़ी पर जरूर चढ़ेगा।"

"किसने कह दिया?" पापा माँ को छेड़ते।

"पंडित जी ने कहा है। कुंडली देखकर। बाकी सभी ग्रह सहयोग कर रहे हैं, बस शनि थोड़ा नाराज हैं। पंडित जी ने एक पूजा के लिए कहा है। पूजा हो जाएगी तो सब ठीक हो जाएगा।"

"और किसी का ठीक हो या न हो, पंडित जी का जरूर ठीक हो जाएगा। कम-से-कम 500 ₹ नगद, धोती-कुर्ता अलग और पूजा के लिए जो सामान आएगा तो उसमें दुकानदार से कमीशन अलग।"

पिताजी को विश्वास नहीं था पोथी-पतरा पर। वे कर्म में विश्वास करते थे। राहुल भी भविष्यवाणी के चक्कर में कभी नहीं फँसता था।

''अगर कल के बारे में आज ही पता चल जाए तो फिर जिन्दगी का मजा क्या रह जाएगा! सस्पेंस में जीने का अपना मजा है!''

''वो कैसे?'' शालू पूछती थी

''देखो, अगर लोग पहले ही जान जाएँ कि वो कल मरनेवाले हैं तो फिर वे अपनी आज की भी जिन्दगी नहीं जी पाएँगे और अगर उन्हें ये पता चल जाए कि भविष्य में उनकी जिन्दगी और कामयाब होनेवाली है तो फिर वो उस भविष्य का ही इन्तजार करते रह जाएँगे। कोई अपनी मौत के इन्तजार में दिन गिनेगा तो कोई आनेवाली कामयाबी का। फिर तो दोनों में से कोई इस खूबसूरत दुनिया को नहीं देखेगा।''

खिड़की से बाहर देखा राहुल ने। ऊपर कुदरत का अद्‌भुत नजारा दिखा—इन्द्रधनुष! सात रंगों की छटा से नहाया आसमान। रंग-बिरंगे बादल के छोटे-छोटे टुकड़े तैर रहे थे। मानो परियाँ बादल बनकर आ गई थीं। सब सूरज की तरफ लपक रही थीं। और सूरज सबको गले लगाकर स्वागत कर रहा था। सात रंगों में लिपटी परियों का! चेहरा तो देखो, उसका कितना दमक रहा है!

राहुल को जलन हुई सूरज की किस्मत से।

''एक यह सूरज! कितनी मस्ती कर रहा है रंग-बिरंगी परियों के साथ और एक वह! थोड़ी-सी मस्ती करनी चाही तो चाँटा लग गया।''

राहुल का हाथ खुद-ब-खुद गाल पर चला गया। गाल न तो सूरज की तरह दमक रहा था, न चमक रहा था। थोड़ी देर पहले ही चाँटा लगा था, हालाँकि दर्द नहीं था। उल्टे एक मीठा-मीठा अहसास था।

पता नहीं, यह शालू की बच्ची कब चेंज होगी? क्या कसूर किया था उसने? दिल्ली निकल रहा था, क्या पता अब कब मुलाकात हो? चलने के समय एक बार लपेटे में ही तो लेना चाहा था उसने, लेकिन बदले में क्या मिला? मिल गया चाँटा। बाद में किस करके चाँटे के दर्द को कम कर रही थी। यह कोई बात हुई!

राहुल अपने गाल सहला रहा था। कुछ देर बाद उसने अपने हाथ को चूम लिया। अच्छा लगा। मन में सोचा 'माशूका के लब ना सही, उसका अहसास ही सही। अब सूरज जैसी अपनी किस्मत कहाँ!'

'हर बात पर किस्मत का रोना ठीक नहीं होता बेटे। अक्सर हम किस्मत से कुछ ज्यादा ही माँग लेते हैं।' पिता के कहे शब्द याद आये राहुल को।

माँ का चेहरा भी आँखों के आगे घूम गया। प्यारी माँ! 21 साल का गबरू जवान हो गया है राहुल लेकिन माँ के लिए वही नन्हा राहुल।

'बबुआ, खा लो। सिर में सरसों का तेल लगाना। बाल ऊपर उठाकर कंघी करनी चाहिए। जिसका बड़ा ललाट होता है, वो भाग्यशाली होता है।'

बहन की भीगी आँखें याद आईं। भाई का परिश्रम से तपा चेहरा याद आया।

'मेहनत करना। यूपीएससी निकाल लिए तो समझ लो स्वर्ग अपने आँगन में उतर आएगा।' चलते समय पिता के आखिरी शब्द थे।

बरौनी कब निकल गया, पता ही नहीं चला। भूख लगी तो बैग खोला। सादा पराँठा, आलू की भुजिया और आम का अचार। ट्रेन के लिए माँ का फेवरिट डिश था। उसे सत्तू के पराँठे अच्छे लगते हैं, दही के साथ, लेकिन माँ कभी नहीं देती थी। कहती थी कि यात्रा में सत्तू अशुभ होता है।

बेमन से राहुल ने दो-चार कौर खाए तो याद आया, शालू ने भी एक पैकेट दिया है। तब गुस्से में था सो ले नहीं रहा था, तमाचे के बाद गरमागरम पराँठे! कसम दिला दी थी शालू ने, इसीलिए ले लिया। खोला तो सत्तू के पराँठे थे, साथ में दही। शालू की माँ भी सफर में सत्तू के पराँठे नहीं देती, लेकिन शालू नहीं मानती थी ये सब।

'सोच बदल रही है अब लड़कियों की, लेकिन उस मामले में नहीं। सब कुछ सुहागरात के दिन ही।' एक दिन संजय ने अपने अन्दाज में शादी के रिश्ते की व्याख्या की थी।

''शादी के दिन ये सोसाइटी वर-वधू को 'एडल्ट लाइसेंस' इश्यू करती है। लो बच्चो, ये रहा आपका लव लाइसेंस और अब आप मोहब्बत के मैदान में जी भरकर फर्राटे भरो! आपने इतने दिनों तक धैर्य रखा, सोसाइटी उसके लिए आपकी शुक्रगुजार है। अब आप पर कोई रोक-टोक नहीं है, जितनी तेज गाड़ी चलानी है, चलाओ, कोई रोक-टोक नहीं...।''

''नो रेड लाइट, नो स्पीड ब्रेकर!'' चहककर कहा था गोपी ने।

''लेकिन यार, ड्राइविंग लाइसेंस से पहले तो टेस्ट ड्राइव होता है। जो टेस्ट में पास उसे लाइसेंस, जो फेल वो बाहर।'' सुजीत ने मजाकिया अन्दाज में कहा था।

''हाँ यार, बात तो तेरी सही है! इस 'एडल्ट लाइसेंस' से पहले भी टेस्ट ड्राइव की व्यवस्था होनी चाहिए!''

''गोपी, तू ऐसा कर, सुप्रीम कोर्ट में एक जनहित याचिका दायर कर दे। ये अजब-गजब स्टोरी खोजनेवाले चैनल पक्का तेरा इंटरव्यू करेंगे और तू पूरे देश में छा जाएगा।'' गोपी की टाँग खींचने का कोई मौका संजय हाथ से नहीं जाने देता था।

"हाँ, और बाद में सुप्रीम कोर्ट गोपी को ही 'जनहित' में जारी कर देगा। साले का इतना 'एडल्ट टेस्ट' ड्राइव होगा कि..." सारे दोस्तों ने कसकर ठहाका लगाया था। गोपी कटकर रह गया था।

दोस्तों की पुरानी महफिल याद करके राहुल के होंठों पर मुस्कराहट आ गई। थोड़ी देर तक यों ही वह पुराने खयालों में खोया रहा और फिर सो गया।

इलाहाबाद से कुछ पहले राहुल की आँख खुली। त्रिवेणी से चली ठंडी हवाओं से एक अजीब-सी तरावट मिली। ब्रश कर सीट पर लौटा तो ट्रेन प्लेटफार्म पर पहुँच चुकी थी। पूरी दुनिया में मशहूर इलाहाबादी अमरूद सामने थे। पिताजी दीवाने हैं इनके। अपने कॉलेज के दिनों की बात बताते समय इलाहाबादी अमरूद का जरूर जिक्र करते थे। कहते थे कि संगम की मिट्टी ही कुछ खास है जो वहाँ पैदा होनेवाले अमरूद में अमृत घोल देती है। कई बार वहाँ से पौधा लाकर पिताजी ने घर में लगाया था, लेकिन वैसा टेस्ट नहीं आ पाया।

"अपनी जमीन से उखड़ा पौधा बड़ी मुश्किल से किसी और जमीन में जड़ जमा पाता है।" अफसोस जताते हुए कहते थे वे।

"तो बिहार के इतने सारे लोग कैसे दिल्ली, मुम्बई, बेंगलुरू जैसे बड़े शहरों में बस जाते हैं?" सवाल किया था उसने।

"ठीक से बस कहाँ पाते हैं। हाँ, एडजस्ट जरूर कर लेते हैं। जड़ बिहार में रह जाती है, तना अपने साथ लेकर घूमते रहते हैं; रोजी-रोटी की तलाश में।"

"और अगर उनको यही रोजी-रोटी बिहार में मिल जाए तो... ?"

"तो कुछ वापस लौट आएँगे। कुछ वापस नहीं भी आना चाहेंगे। बाहर की दुनिया में कामयाबी के ज्यादा मौके हैं।"

"बाहर अपना-पराया बहुत है न, पापा... ?"

"हाँ बेटा, वैसे ये तो दुनियावी मसला है। होगा ही। उनको आप से खतरा महसूस होगा तो वो आपको निशाना बनाएँगे ही। सब बनाते हैं, इनसानी फितरत है; लेकिन आपको उनको जीतना होगा। अपनी काबिलीयत से, अपनी मोहब्बत से।"

" लेकिन फिर भी वो निशाना बनाएँ तो?"

"तो फिर संघर्ष का रास्ता तो खुला हुआ है ही। वैसे भी इनसानी अस्तित्व संघर्ष और स्वार्थ की बुनियाद पर ही तैयार हुआ है। पहले इनसानों

ने जानवरों का हक मारा, उनको गुलाम बनाया, फिर उनके आशियाने पर अपने स्वार्थ का घरौंदा तैयार किया। जानवर काबू में आ गए तो अब इनसानों को काबू में करने में लगे रहते हैं। बड़े लोग छोटे लोगों पर और बड़े देश छोटे देशों को अपने पैरों के नीचे रखने की कोशिश करते हैं। प्रकृति थोड़ी शक्तिशाली है, इसीलिए वह अब तक किसी के काबू में नहीं आ सकी है।''

राहुल गौर से उनकी बात सुनता था।

''कभी इतिहास को अलग नजरिए से पढ़ना राहुल। दुनिया के किसी कोने में, किसी काल में, हर जगह वही संघर्ष, वही स्वार्थ की गाथा। हर साम्राज्य की नींव स्वार्थ और अन्याय की बुनियाद पर खड़ी मिलेगी। लेकिन लोग उसे ही पराक्रम और पौरुष की जीत कहते हैं।''

''और आजकल... ?''

''आजकल भी वही हो रहा है। बस बदलते वक्त के साथ इनसानी संघर्ष का रूप बदल गया है—दुनिया के स्तर से लेकर परिवार के स्तर तक। संघर्ष और स्वार्थ का लेकिन, केवल चोला बदला है, मूल तत्त्व पहले जैसा ही है। महाभारत के चाचा-भतीजे का संघर्ष तो आज भी जारी है, बेटा। पहले कौरव और पांडवों ने मिलकर दूसरे राज्यों पर हमला किया। उन्हें जीतकर अपना विशाल साम्राज्य खड़ा किया। और जब उनके स्वार्थ टकराए तो आपस में भिड़ गए। आज भी वही कहानी है। बस पुरानी कहानी में आज के जमाने के हिसाब से नया ट्विस्ट आ गया है।''

ऐसी बातें करते समय पिता के चेहरे पर कड़वाहट फैल जाती थी। जब कभी दो पैग लगाते थे, वे इस तरह की बातें करते थे। महाभारत का खास तौर पर जिक्र करते थे।

''कृष्ण चाहते तो कभी भी ब्रह्मांड का सबसे बड़ा रक्तपात नहीं होता लेकिन कृष्ण युद्ध रोकना ही नहीं चाहते थे। सृष्टि और सत्य की स्थापना का सवाल था। विध्वंस की लपटों में सृजन का सौन्दर्य मुस्कराता है! आजतक वही विध्वंस की लपटें धधक रही हैं, लेकिन सृजन का सौन्दर्य नहीं दिख रहा है। दुनिया में हर तरफ विध्वंस की लपटें! ये लपटें तब तक धधकती रहेंगी जब तक इनसानी स्वार्थ इनसानियत की छाती पर आसन जमाए बैठा रहेगा।''

रात नौ बजे ट्रेन पहुँची थी—पुरानी दिल्ली। स्टेशन पर तीन-चार दोस्त आए थे। सामान बहुत ज्यादा था। दो बैग, एक वीआईपी, कई सारे कार्टन। सारे दोस्तों के घर से उनके लिए कुछ-न-कुछ सामान मिलता ही था

दिल्ली आते वक्त। कुली 200 रुपए से कम पर तैयार नहीं हो रहा था। लाला ने पैसे उससे ले लिये और आधे से ज्यादा सामान खुद उठा लिया। बाकी सामान दूसरे दोस्तों ने उठा लिया।

''साला, 200 रुपया माँग रहा है! इतने पैसों में एक अद्धा आ जाएगा। इतने सारे दोस्त जमा हैं रूम पर, लेकिन बोतल केवल पाँच हैं। दोस्त आया है तो पार्टी तो बनती ही है। लिट्टी-चोखा के साथ बूढ़े साधु का आशीर्वाद।''

ओल्ड मंक रम को बूढ़े साधु का नाम मिला था इस सर्किल में। जब ज्यादा चढ़ जाती थी तो साधु शैतान बन जाता था। बूढ़ा शैतान!

सर्किल का सेक्रेट ज्ञान था। लिट्टी-चोखा के साथ बूढ़े साधु का डेडली कॉम्बिनेशन होता है। तीनों एक दूसरे के जिगरी यार! कोई एक भी बिछड़ गया तो सब उदास। लिट्टी चोखा को अपने आगोश में लेती है और बूढ़ा साधु दोनों को मोहब्बत की दुनिया की सैर कराता है।

फ्लैट पर सारे दोस्त मिले। कोई तीन महीने पहले आया था, कोई छह महीने पहले। राहुल को थोड़ी देर हो गई थी। धान की फसल ने धोखा दे दिया था। गेहूँ के तैयार होने तक रुकना पड़ा।

मॉरीशसवालों को देखकर गडबड़ा गया राहुल। एक ही रूम में लड़के-लड़कियाँ! मौजा ही मौजा! देर रात तक सब गाते-बजाते रहे थे, लेकिन संगीत के सुरों पर किसी ने गौर नहीं किया। कल्पना ने सुपरसोनिक जेट की रफ्तार पकड़ ली थी... *ताल से ताल मिला!* कान तक आकर 'त' 'ग' हो जा रहा था। मौलिक विचार उभरकर आ रहे थे। वात्स्यायन मुनि सुनते तो दंग रह जाते। एक बार इनके साथ सत्संग हो गया होता तो कामसूत्र को 64 कला तक सीमित रखने की गलती हरगिज नहीं करते।

सुबह हुई तो राहुल को एक अलग दुनिया नजर आई। सामने रैक से रोमिला थापर झाँक रही थीं। झा-श्रीमाली तकिए के पास लुढ़के हुए थे। बाशम साहब रम की बोतल के ऊपर अपनी फूटी किस्मत पर रो रहे थे। इतनी मेहनत से 'वंडर दैट वाज इंडिया' लिख मारा लेकिन समझ में नहीं आता कि इन एनआरबी नमूनों को भारतीय कला-संस्कृति के किस हिस्से में रखें? न तो खजुराहो की खूबसरत हसीनाएँ इन्हें अपनी जुल्फों में कैद कर पाती हैं, ना बुद्ध इन्हें समझा सकते हैं कि इस संसार में सर्वत्र दुख है। चार्वाक के *ऋणं कृत्वा, धृतं पिबेत* के सिद्धान्त पर भी विश्वास नहीं करते हैं ये। शंकराचार्य के *ब्रह्म सत्यं, जगन्मिथ्या* की थ्योरी आत्मसात करने के लिए भी ये तैयार नहीं हैं। स्वर्ग और नरक की बात सुनकर हँसते हैं।

''स्वर्ग और नरक सब इसी दुनिया में हैं बॉस। और स्वर्ग में भी क्या खास मिलता है? वही सोमरस और वही अप्सराएँ! वो सब कुछ यहीं

एभलेबल हैं। स्वर्ग में तो बस सोमरस। देशी जड़ी-बूटी की बनी हुई। पता नहीं, उनको वाइन एक्सपर्ट ठीक से जाँचते होंगे या नहीं? धरती पर देशी, विदेशी सब एभलेबल। शैंपेन, स्कॉच, वोदका, बीयर, ब्रांडी! जेब में 'धनिया' कम हो तो पॉलीथीन और महुआ से भी काम चलाया जा सकता है।'' संजय का मशहूर डॉयलाग था।

''और स्वर्ग की अप्सराएँ। वही चार-पाँच। रम्भा, उर्वशी, मेनका—सब पर इन्द्र ने पहले से कब्जा कर रखा है। और उनकी एज भी तो देखो! गोपी के दादा-परदादा-छरदादा सब उन्हीं की चाह में समय से पहले स्वर्ग चले गए और अब ये साला गोपी भी उन्हीं से 'आई टॉनिक' ले! गलत बात है। दादा-पोता के लिए एक ही माल! लानत है!''

संजय की बात सुनकर राहुल और अब्दुल ने कसकर ठहाका लगाया। गोपी ने संजय को मोटी गाली दी।

''माफी दो, अपनी धरती की हसीनाएँ ही बहुत खूबसूरत हैं। इनके जैसा कट्स और फिगर स्वर्ग की अप्सराओं के कहाँ? और इनके चलने का दिलकश अन्दाज! चलती हैं तो लगता है कि सीने पर बुलडोजर चल रहा है। आह! धक, धक, धक...''

संजय के अन्दाज को देखकर सब हँस पड़े। संजय पहले की तरह बदस्तूर जारी था...

''और फिर इन लड़कियों के स्टाइलिश, सेक्सी, ट्रांसपरेंट ड्रैस! देखे हो कभी किसी अप्सरा को ऐसे ड्रेस में। बेचारी, कहाँ से पहनेगी ऐसी स्टाइलिश ड्रेस! वहाँ पर कोई ड्रेस डिजाइनर तो होगा नहीं। जब देखो, साड़ी लपेटे हुए। और चोली भी नॉर्मल। बेचारी 'लो कट' और 'बैकलेस चोली' के लिए तरसकर रह जाती होंगी।''

रूम में ठहाका लगता।

''और यार, स्वर्ग में मौज-मस्ती का क्या इन्तजाम? बस वही शास्त्रीय संगीत और उस पर कदम-ताल करते हुए अप्सराओं के नृत्य! कर पाएँगी वो शकीरा जैसा सेक्सी डांस! *हिप्स डोंट लाई*...शकीरा...शकीरा...शकीरा...!''

शकीरा के स्टाइल में संजय के डांस को देखकर फिर जबरदस्त ठहाका लगा। थोड़ी देर बाद जब सब शान्त हुए तो राहुल सीरियस था। गोपी और अब्दुल की ओर मुखातिब था वह।

''इसीलिए दोस्तो, मैं कहता हूँ कि इस स्वर्ग-नरक के भुलावे में मत पड़ो। अपनी धरती सबसे खूबसूरत है। स्वर्ग, बहिश्त—सब से खूबसूरत। कुछ लोग इसकी खूबसूरती को खराब करने पर तुले हुए हैं। लालबत्ती निकालो और उन लोगों को जमकर लतिआओ। माना कि हम लोग पूरी

दुनिया का दुख-दर्द दूर नहीं कर सकते, लेकिन कुछ आँसुओं को तो जरूर पोंछ सकते हैं। कुछ उदास चेहरों पर तो मुस्कान ला ही सकते हैं। यही क्या कम है?''

राहुल और संजय देश-दुनिया में फैले धार्मिक पाखंड, धार्मिक कट्टरता और उसकी वजह से पिस रहे इनसानों को देखकर अक्सर भावुक हो उठते थे। दोनों के अन्दर एक जज्बाती इनसान छुपा हुआ था लेकिन जो उनको करीब से जांनता था, वही उसे देख पाता था। धर्म के नाम पर सीधे-सादे लोगों को बरगलाने वाले लोगों को देखकर वे गुस्से से उबलते रहते थे।

''साला, मेरा वश चलता तो ये धर्म की दुकानें खोले नालायकों को पकड़कर अपने खेत ले जाता। बिहार में आजकल वैसे ही बहुत लेबर प्रॉब्लम है। ये कुछ काम करते तो थोड़ी फसल होती, भूखे लोगों का पेट भरता।''

हिस्टरी ऑप्शनल सब्जेक्ट है राहुल और संजय का। संजय बता रहा था कि अभी कुछ खास समझ में नहीं आ रहा है। कई नई किताबें खरीदनी पड़ीं, कई सीनियरों से मिलना पड़ा। कुछ कह रहे हैं कि कोचिंग ले लो। आइडिया लग जाएगा। कॉलेज में जो कुछ पढ़े हो वह यूपीएससी में खास काम नहीं आएगा।

वैसे भी एसटी कॉलेज में पढ़ाई ही कहाँ की थी सबने। कॉलेज जाते भी कम थे। पहले ही दिन कॉलेज में प्रिंसिपल ने कहा था, ''अब आप लोग स्कूल से निकलकर कॉलेज में आ चुके हैं। कॉलेज में किसी को मारा-पीटा नहीं जाता है। अब आप बड़े हो चुके हो। अपना बुरा-भला सोचने के काबिल।'' पिताजी भी यही कहा करते थे, लेकिन किसी को समय कहाँ मिल पाता था बुरा-भला सोचने का। सुबह-शाम महेश्वरी एकेडमी के मैदान में क्रिकेट और प्रैक्टिस के बाद उस्मान की चाय की दुकान पर 'गपास्टिक'! सड़क पर आती-जाती लड़कियों से 'आई टॉनिक'!

कॉलेज में अटैंडेंस का खास लफड़ा नहीं था। मन हुआ तो कॉलेज गए, नहीं मन हुआ तो चौक-चौराहे पर मटरगश्ती। ठीक 2 बजकर 23 मिनट पर माधुरी दीक्षित का डांस होता था। 'पालकी पर होकर सवार चली रे'! श्यामा टॉकीज का गेटकीपर परेशान हो गया था। एक चाय की कीमत पर रोज सारे दोस्तों को गाना दिखाना पड़ता था, लेकिन सब वादे के पक्के थे। कोई सीट पर नहीं बैठता था। हॉल के दरवाजे पर खड़े होकर केवल माधुरी दीक्षित को पालकी पर जाते देखते थे। फिर आह भरते निकल आते।

"काश, कोई माधुरी अपने लिए भी पालकी पर सवार होकर आती... !"

राहुल को उसकी माधुरी मिल चुकी थी—शालू। लेकिन वह खुद पालकी पर सवार होकर नहीं आनेवाली थी। राहुल को ही उसे लाने जाना था।

अपनी माधुरी को 'एकदम बेवकूफ' कहता था राहुल। पहली बार मारवाड़ी पाठशाला में क्लास टेंथ में प्रपोज किया था उसे, लेकिन उसने हाँ-ना कहने के बजाय सीधे अपनी भाभी को रिपोर्ट दे दी थी। खुशबू में रचे-बसे उसके लव-लेटर को सीधे अपनी भाभी के हाथ में ही रख दिया।

"इसी साले संजय का आइडिया था परफ्यूम लगाकर लव-लेटर देने का! कहता था, लड़की पर अच्छा इम्प्रेशन पड़ता है। खाक इम्प्रेशन पड़ा! शालू ने सीधे अपनी भाभी को लेटर थमा दिया और उस मोटी पर भी कोई इम्प्रेशन नहीं पड़ा। उसने अपने गैंडे पति के हाथों में ले जाकर रख दिया मेरा लव-लेटर।" गाली देता था राहुल संजय को।

"अबे, वो अपने पति को कहना चाहती होगी कि तुम भी मुझे परफ्यूम लगाकर लेटर दिया करो। जैसे तुम्हारी बहन को राहुल ने दिया है।" संजय मजे लेता था।

तब बहुत मार पड़ी थी राहुल को। पहले शालू के बड़े भाई ने ठोका था। माँ को पता चला तो उसने भी दो तमाचे रसीद कर दिए...और चलते समय शालू का 'विदाई तमाचा'! ओह! राहुल के हाथ फिर गाल पर गए। अक्सर शालू के खयालों में खो जाता था राहुल, लेकिन थोड़ी देर बाद सिर झटककर बाहर निकल आता था।

"पहले कुछ बन लो, फिर ये सब लफड़ा!" संजय कहा करता था। लेकिन कुछ बनें कहाँ से? कॉलेज की मस्ती अभी भारी पड़ रही थी। राहुल मोटी-मोटी किताबों को देखकर दहलता रहता था, "इतनी सारी बुक्स! कैसे खत्म करूँगा इन्हें?"

"पार्टनर, चिन्ता क्यों करते हो? ऊपरवाला सबकी मदद करता है।" गोपी ऊपरवाले का बहुत बड़ा भक्त था।

"साले, ऊपरवाला कुछ मदद नहीं करनेवाला। किसी भगवान ने यूपीएससी नहीं निकाला है। तैयारी भी नहीं की। फिर क्या मदद करेंगे वो?" संजय गोपी का मजाक उड़ाता था।

"और किससे मदद माँगेगा? भगवान राम, मर्यादा पुरुषोत्तम राम! वो यूपीएससी निकालने में मदद करेंगे! अरे, उन्हें तो एक मामूली धोबी ने चरा दिया था। उतने ही इंटेलीजेंट होते तो धोबी के बहकावे में आकर सीता जी जैसी सती-साध्वी को जंगल भेजते? भोले भंडारी! मदद माँगने जाओगे तो भाँग-धतूरा पकड़ा देंगे वो। कहेंगे, कहाँ फँसे हो तुम लोग इस यूपीएससी के

चक्कर में! जिन्दगी बर्बाद कर रहे हो। लो, भाँग का भोग लगाओ और कैलास पर्वत की खूबसूरत छटा को निहारो।''

राहुल हँस पड़ा संजय की बात सुनकर।

''एक किशन-कन्हैया से ही थोड़ी-बहुत उम्मीद है। वो भी हम लोगों की तरह दाएँ-बाएँ जो करनेवाले हैं, लेकिन हैं बहुत चालू। आसानी से हाथ नहीं आनेवाले। अभी जाओगे तो गीता का ज्ञान दे देंगे। निष्काम कर्म का ज्ञान। *कर्मण्येवाधिकारस्ते मा फलेषु कदाचन!* सब कुछ मेरे भरोसे छोड़कर, तुम फल की चिन्ता किए बिना, केवल अपना कर्म करो। लेकिन उनके कैरेक्टर को देखते हुए उन पर भरोसा करने का मेरा मन नहीं करता।''

राहुल हँसते हुए संजय की बात सुन रहा था। गोपी जल-भुन रहा था।

''किशन-कन्हैया ठहरे एक नम्बर के लफड़ेबाज! उसी जमाने में दिन-रात गोपियों के पीछे पड़े रहते थे और आजकल की गोपियाँ! पहले से ज्यादा हॉट! जिम जाकर फिगर-शिगर भी परफेक्ट बना लेती हैं।''

संजय दिल्ली की लड़कियों के फिगर का दीवाना था। लड़कियों की हर दूसरी बात में उनके फिगर की चर्चा जरूर करता था।

''मगर दिमाग उनका पैदल ही रहता है। भगवान कृष्ण को छोड़ो, बेचारे बाल ब्रह्मचारी हनुमान जी को भी नहीं बख्शती हैं। 'हाय हनु' कहती हैं! देखो, कैसे गुस्से से बजरंगबली मुँह फुलाए बैठे हैं! बेचारे सीना फाड़कर दिखा रहे हैं कि मेरे दिल में केवल भगवान राम और सीता की जगह है लेकिन फिर भी ये बेवकूफ लड़कियाँ नहीं मानती हैं; 'हाय हनु' कहती हैं!'' संजय हनुमान जी तस्वीर दिखाकर कहता था। राहुल कसकर ठहाके लगाता।

''और पहले की गोपियाँ तो कृष्ण जी को कितना घुमाती थीं, तरसाती थीं, तब कहीं जाकर हाथ आती थीं; लेकिन आजकल की गोपियाँ तो सेलिब्रेटी की तस्वीर को सीने से लगाकर सोती हैं। कहीं हाथ आ जाएँ तो पता नहीं क्या करेंगी? ऊपर से कृष्ण ठहरे सुपर-डुपर सेलिब्रेटी। उनके लिए तो ऐसे ही लम्बी लाइन लग जाएगी। कहीं किसी के चक्कर में फँसकर वो हमारा काम भूल गए तो! इसीलिए पार्टनर मैं कहता हूँ कि सबसे अच्छा है—अपनी प्रॉब्लम खुद सॉल्व करो। ऊपरवाले-नीचेवाले का चक्कर छोड़ो।''

मुखर्जी नगर का किराया आसमान छूने लगा था। कोचिंग की फीस भी काफी बढ़ गई थी। और उस पर से महँगाई। एक बार बाहर निकलो तो कम-से-कम 100 रुपए का खर्च। भला हो मेट्रो का। कम खर्च में एसी के सफर का मजा मिल जाता था। खर्च निकालने में परेशानी हो रही थी राहुल

को। किसान पिता पढ़वैया बेटे को पैसा भेजने के लिए मौसम के मोहताज थे। बड़े भाई की सैलरी इतनी कम थी कि उनका खर्च ही मुश्किल से निकलता था। राहुल को पता था कि कितनी मुश्किल से भैया उसे पैसा भेजते हैं, लेकिन यहाँ मेस बिल पर महँगाई की मार पड़ रही थी। किताबें भी महँगी-महँगी। ऊपर से महीने में एक-दो बार पार्टी हो ही जाती थी। संजय पेपर बेचकर ही मूवी की टिकट कटाता था।

"पेपर के पैसे से कोई समझौता नहीं। दिन में मटन, शाम को मूवी और रात में रम! खर्च निकालने के लिए कुछ और सोचो। साला, हमलोगों से अच्छी जिन्दगी तो हमारे कुक की है।"

एक बार 'बत्रा' में पीछेवाली सीट पर बैठकर सभी दोस्त मूवी देख रहे थे। आगे नजर पड़ी तो अपना कुक नजर आया। अपनी गर्लफ्रेंड के साथ सटकर बैठा था। ब्रांडेड कपड़े ही पहनता था। वीक में एक मूवी जरूर देखता था। तीन-चार लड़कियों के नाम लेता था। उन्हीं के साथ मूवी देखता था। किसी के साथ नाइन्साफी नहीं करता था। सबको अलग-अलग दिखाता था। और यहाँ महीने में एक बार मूवी का चांस बनता था।

ट्यूशन पढ़ाने का एक ऑफर मिला राहुल को। ट्वैल्थ क्लास की स्टुडेंट थी। घंटे के हिसाब से पैसे मिलते थे। गाड़ी चल पड़ी राहुल की। खर्च का टेंशन कम हो गया। लेकिन कुछ ही दिनों बाद दूसरी टेंशन ने उसे घेर लिया। बालिका किताब की पढ़ाई छोड़कर दिल की पढ़ाई में इंटरेस्ट लेने लगी थी। किताब से ज्यादा राहुल के चेहरे पर नजर! राहुल पहले से शालू के साथ वो पढ़ाई पढ़ रहा था। किसी और के साथ वैसी पढ़ाई पढ़ने का कोई इरादा नहीं था उसका। लाचार होकर ट्यूशन की कुर्बानी देनी पड़ी।

संजय को पता चला तो मजे ले रहा था।

"यार, तुझे उस लड़की का दिल नहीं तोड़ना चाहिए था। सोचो, कितना बुरा लगा होगा उसे। एकदम मायूस हो गई होगी बेचारी। कॉन्फिडेंस टूट गया होगा उसका। अरे, तुझे तो उसी नीग्रो की तरह उसका ल रखना चाहिए था।"

"किस नीग्रो की तरह?" राहुल चौंका।

"है एक, श्याम भैया के दोस्त के बॉस का खास आदमी हुआ करता था। साला, खडूस बॉस! उस शरीफ नीग्रो से डटकर काम लेता था। ऑफिस के साथ-साथ घर का भी काम कराता था। एक दिन घर पहुँचा तो बॉस की बीवी ने अपनी 'सेवा' करने का आदेश फरमा दिया। वह बेचारा करता तो क्या करता? बॉस की बीवी का सवाल था। आदेश मानना ही था।"

"क्या बात कर रहा है?" राहुल ने हैरत से पूछा।

"हाँ, और पता है तुझे। डिलीवरी डेट के दिन खड़ूस बॉस के चंगू-मंगू ने बाजे वाले को पहले से बुला रखा था। सारे चमचे बॉस से ज्यादा खुश नजर आ रहे थे।"

राहुल हैरान होकर संजय की बात सुन रहा था।

"अन्दर से नर्स ने आकर खुशखबरी दी—सर, बेटा हुआ है। बॉस ने पुरानी फिल्मों में देखा था, जैसे ही जहाँपनाह को बच्चे की खबर मिलती है वह हीरों का हार गले से निकालकर दासी को देता है और दासी झुककर तोहफा कबूल करती है। बॉस ने उसी अन्दाज में पर्स निकाला। पाँच सौ के कुछ नोट थमा दिए थे। सिस्टर ने सलाम नहीं किया तो बुरा जरूर लगा उसे लेकिन उसने कहा कुछ नहीं।

'जूनियर बॉस आ गए, जूनियर बॉस आ गए...' चमचे चिल्ला रहे थे। कोई लड्डू बाँट रहा था तो कोई मिल्क केक। बाजे की धुन पर चंगू-मंगू ठुमके लगा रहे थे। आज बॉस बहुत खुश हैं। नजर में आ गए तो इंक्रीमेंट के साथ बोनस भी पक्का। प्रमोशन का चांस अलग से लग सकता है। बॉस का चेहरा दमक रहा था। 55 साल की उम्र में 27 साल की बीवी से बच्चा हुआ है! ऑफिस के इतने टेंशन के बाद भी! मामूली बात है! होश सँभालने के समय से ही क्लीन शेव रहता था बॉस, लेकिन इस वक्त अपनी मूँछ तलाश रहा था।

बच्चा गोद में आया तो बाल घुँघराले थे। रंग आबनूसी। जूनियर 'सेवक' गोद में था। टुक-टुक 'बॉस' की तरफ देख रहा था।"

रूम में जबरदस्त ठहाका लगा।

"बच्चे को बॉस की गोद में देखकर चंगू-मंगू कुछ कुछ ज्यादा ही उत्साह में आ गए। ढोल खुद बजाने लगे। धड़ाम-धड़ाम...बॉस का दिल ढोल से ज्यादा बज रहा था। धड़ाम-धड़ाम...थोड़ी देर बाद वह बेहोश होकर गिर पड़ा। जूनियर उसकी गोद में हँस रहा था!"

सब पेट पकड़कर हँस रहे थे।

"देख लेना, एक दिन तेरे बॉस के साथ भी यही केस होगा..."

"सवाल ही नहीं उठता है, बॉस! उस नीग्रो वाली गलती नहीं करनेवाला हूँ मैं। नीग्रो ने कभी 'रक्षा कवच' यूज ही नहीं किया था। बॉस की बीवी ने अँगूठे में लगाकर उसे बताया था कि ऐसे यूज किया जाता है। वो साला अँगूठे में ही लगाए रह गया था।"

फिर ठहाका। गोपी तो हँसते-हँसते फर्श पर लोटपोट हो गया।

"और जब कार्यक्रम के बाद बॉस की बीवी को डाउट हुआ तो उसने घूरकर नीग्रो की तरफ देखा। जवाब में नीग्रो ने अँगूठा दिखा दिया था!"

फिर ठहाका। गगनभेदी ठहाका! सॉरी, ऊपर गगन नहीं था, छत थी। छतभेदी ठहाका! मकानमालकिन घबराकर ऊपर आ गई थी—कहीं पागल तो नहीं हो गए हैं ये सब बिहारी!

अजीब फंडा था संजय का! कहता था कि यूपीएससी वालों के दिमाग में बस दो बत्ती जलनी चाहिए। लाल और गुलाबी। लाल मतलब लालबत्ती और गुलाबी मतलब गर्ल्स। किताब खुलते ही लालबत्ती। किताब बन्द होते ही गुलाबी। लेकिन बैलेंस बनाकर रखना होता है दोनों के बीच। जो बैलेंस बनाने में कामयाब हो गया उसकी तो बल्ले-बल्ले, लेकिन जो बैलेंस नहीं बना पाया...

''उसके हिस्से में लालबत्ती की जगह चुनाव छाप लालटेन!''

लालू यादव की जबरदस्त नकल करता था संजय।

''धत, बुरबक कहीं का! लालबत्ती नहीं मिला तो रोता है! अरे, हमरे लाइफ से लेसन लो। चाइल्डहुड में हम भैंस चराते थे। लेकिन थे शुरू से जबर... बहादुर... एकदम से ब्रेभ हार्ट! और लोग की तरह पूँछ पकड़कर पीछे से भैंस पर नहीं चढ़ते थे। सीधे सींग पर लात रखकर भैंसिया के पीठ पर चढ़ते थे। तो एक बार क्या हुआ कि भैंसिया हमको सींग से उठाके फेंक दिया। लेकिन देखो, हमरा टैलेंट! वहाँ खेतवा में खुद को नहीं गिरने दिए। भैंसिया के सींग से उछले तो सीधे गिरे बिहार के सिंहासन पर! समझा, इ होता है स्मार्ट बिहारी का टैलेंट। बैड सिचुएशन को भी गुड कंडिशन में बदल देता है। धत् बुरबक! फिर लालबत्ती के लिए रोता है। चल पकड़ हमार ललटनिया। तोरा के एमएलए बना देब! तब देखिहे, कै ठो लालबत्तिया साहब तोरा पीछे-पीछे घूमत बाड़न!''

बस, दो महीने रह गए थे पीटी के। राहुल दीन-दुनिया से बेखबर हो चुका था। रुटीन फिक्स था उसका। सुबह पाँच बजे से आठ बजे तक एनसिएंट हिस्टरी। चाय के साथ एक घंटे पेपर। उसी समय करंट टॉपिक पर संजय के साथ डिस्कशन। नाश्ते में चने का सत्तू। सॉरी, सत्तू नहीं कहता था संजय। बिहारी हॉरलिक्स। शार्ट में बीएच! दस से लेकर एक बजे तक कोचिंग। राहुल को दिन में सोना बहुत पसन्द था। शाम को जगने के साथ चाय। और फिर मेडिवल और मॉडर्न हिस्टरी। खाना खाकर बत्रा तक का एक चक्कर, लेकिन आजकल वहाँ भी चाय की चुस्की के साथ लड़कियों की बात कम ही होती थी। बस दो महीने की ही तो बात है। उसके बाद फिर जश्ने-बहार। रात को सोते समय वह जीएस पढ़ता था।

आजकल शालू के मेल का मुश्किल से जवाब दे पाता था राहुल। एक खत भी लिखा था। खूब ताना मारी थी। यूपीएससी को अपनी सौतन कहती थी शालू। राहुल के मन में उसके लिए प्यार उमड़ आता था। उसके खत को चूमते वक्त शालू के होंठों का अहसास होता था, लेकिन बीच में ही महाराणा प्रताप की तलवार आ जाती थी—"एग्जाम सिर पर आ गया, लेकिन अभी तक एनसीईआरटी भी फिनिश नहीं हुआ है। कल खत्म करके ही उठूँगा।"

बचपन से गहरी नींद आती थी राहुल को। पिता कहते थे कि कुम्भकर्ण पैदा हुआ है। माँ डाँट देती थी—"राक्षस का नाम नहीं लेते। अंश आ जाता है। मेरा लाल तो शिवजी के आशीर्वाद से मिला है। शिवजी का अंश है उसमें।" माँ—प्यारी माँ!

"देखना, कहीं दिल्ली जाकर किशन-कन्हैया ना बन जाए"—भैया मजाक करते थे।

"सबको अपनी तरह समझते हैं क्या?" भाभी भैया की टाँग खींचने का कोई मौका हाथ से नहीं जाने देती थीं।

हँसता-खेलता परिवार था राहुल का। अपने घर-परिवार को बहुत चाहता था वह। कुछ बन जाऊँ तो फिर सबके लिए बहुत कुछ करना है।

फैक्ट्स रटने में हरदम मुश्किल आती थी राहुल को। कितना भी याद करो, लिखकर याद करो, लेकिन कुछ ही दिनों में भूल जाता था। संजय ने मुश्किल आसान की थी। कोडवर्ड के साथ। कुछ मजेदार और फनी कोडवर्ड! ज्यादातर कोडवर्ड लड़कियों से जुड़े हुए थे।

"नेहा-हीना को लपेटे में लेना है!"

"मतलब..."

"न से नीला, ह से हरा, ल से लाल। नीला, हरा, लाल। तीनों प्रायमरी कलर। तू नीला, हरा, लाल भूल सकता है। लेकिन नेहा-हीना को लपेटे में लेने की चाह तुझे याद दिला देगी। ये तो नॉर्मल वाला कोडवर्ड है। अब खतरनाक वाला बताऊँ?" हँस रहा था संजय।

"कोई जरूरत नहीं है साले। मुझे पता है, तेरा खतरनाक कोडवर्ड कैसा होगा?"

श्याम भैया के साथ फिर गेम हो गया था। इंटरव्यू में बस 13 नम्बर! पिछली बार 17 नम्बर दिए थे बोर्ड ने। इस बार तो बोर्ड के एक मेम्बर ने साफ-साफ कहा कि क्या आपको नहीं लगता है कि आप यहाँ के लड़कों का हक मार रहे हो?

‘‘सर, अगर आपको ऐसा लगता है तो आप ये रूल क्यों नहीं बना देते कि आपके स्टेट पीसीएस में केवल इसी स्टेट के स्टूडेंट एप्लाई कर सकते हैं। हम लोग साल भर मेहनत करते हैं। ख्वाब देखते हैं और आखिर में एक और साल बर्बाद। पहले से पता चल जाए तो कुछ और ऑप्शन तलाश सकते हैं।’’

हरदम के लिए बाय-बाय करने का फैसला कर लिया श्याम भैया ने इस लफड़े को। यूपीएससी का चांस खत्म होने के बाद ही कुछ और करना चाहते थे, लेकिन उनके पापा का बहुत मन था। एसपी न सही, डीएसपी ही सही लेकिन अब वे भी ज्यादा कुछ नहीं कहते थे। नसीब को कोसते थे, लेकिन श्याम भैया के पास किसी को कोसने के लिए वक्त नहीं था। खर्च निकालने की समस्या थी। पापा रिटायर हो चुके थे।

कोचिंग खोलने का फैसला किया था उन्होंने। पहले भी खर्च निकालने के लिए पाँच-छह स्टूडेंट को रूम पर ही पढ़ाया करते थे। अब इसी को फुल टाइम देकर थोड़ी प्लानिंग के साथ करने का फैसला किया उन्होंने।

राहुल सोच में पड़ जाता था, क्या करेगा वह अगर उसके सामने ऐसी स्थिति आ गई तो? माँ और बहन का चेहरा सामने आ जाता था।

‘‘जब कोई रास्ता अचानक बन्द हो जाता है तो वहाँ से कम-से-कम दो रास्ते निकलते हैं—दाएँ-बाएँ। थोड़ा पीछे हटकर नया रास्ता तलाशने में भी कोई बुराई नहीं है। वार में दुश्मन को धोखा देने के लिए दस्ता थोड़ा पीछे हटता है। फिर नई तैयारी के साथ धावा बोलता है। ये सब तो लाइफ है बेटा! इतना नहीं सोचते।’’ पिता की पुरानी बातों का महत्त्व अब समझ में आ रहा था राहुल को।

गोपी अपने हनुमान जी पर सब टेंशन डालकर निश्चिन्त रहता था। बहुत बड़ा हनुमान भक्त था। सुबह उठकर हनुमान चालीसा का पाठ करने के बाद ही चाय पीता था। एग्जाम का एडमिट कार्ड हनुमान जी के चरणों में ही रहता था। रोज हनुमान जी के साथ उसकी भी पूजा होती थी। अगरबत्ती दिखाई जाती थी। एग्जाम के दिन खास पूजा होती थी। ज्यादा देर तक अगरबत्ती दिखाता था गोपी। लेकिन पिछली बार उसी अगरबत्ती ने खेल कर दिया था। जलकर उसके रोल नम्बर पर गिर पड़ी थी। गोपी को कुछ खबर नहीं लगी। पूजा-पाठ के बाद उसी एडमिट कार्ड को लेकर पहुँच गया सेंटर। गनीमत यही रही कि टीचर भी हनुमान भक्त निकले। उसे एग्जाम देने की परमिशन दे दी वरना उसकी साल भर की मेहनत पर पानी फिर जाता। लेकिन गोपी को समझाओ तो भड़क जाता था। अपने हनुमान जी के खिलाफ एक शब्द भी सुनना भी उसे पसन्द नहीं था। एग्जाम में जिस सवाल का जवाब नहीं

आता था उसका सॉल्यूशन भी हनुमान जी ही निकालते थे। आँख बन्द कर हनुमान जी को याद करने के बाद पेपर पर अँगुली रखता था।

"दो ही ऑप्शन पर अँगुली पड़नी चाहिए। जिन दो ऑप्शन पर अँगुली पड़ेगी उन्हीं में से एक को सलेक्ट करना है।"

दो ऑप्शन में भी हनुमान जी ही मदद करते थे। जेब से सिक्का निकालता था। हनुमान जी का ध्यान करके सिक्का उछालता था।

"हेड आया तो सी...टेल पर डी।"

"गोपी, ये तो गलत जवाब है! इसका जवाब तो 'ए' है।"

गोपी को झटका लगता था—"हनुमान जी नाराज हैं क्या?"

"जरूर हनुमान जी का ध्यान करते वक्त इसकी मकानमालकिन की बेटी की फिगर बीच में आ गई होगी। 36-24-34। आइडिएल फिगर।"

संजय मजाक करता था। परेशान भी बहुत करता था उसे। एक बार गोपी ने रात में खीर नहीं खाई। सुबह उठकर खाने का प्लान था। लेकिन सुबह उठा तो संजय माहौल बनाए हुए था।

"यार गोपी, रात सपने में तेरे हनुमान जी आए थे!"

"मजाक मत कर!"

"नहीं यार, सच कह रहा हूँ! तेरी कसम! साक्षात बजरंग बली! कंधे पर गदा! गुस्से से मुँह फुलाए हुए!"

"सच बोल रहा है तू?"

"हाँ यार..."

"फिर क्या हुआ?"

"यार, उन्होंने अपना भारी-भरकम पैर मेरे सीने पर रख दिया। मेरी नींद खुल गई। मैंने देखा साक्षात बजरंग बली! डर के मारे मेरी हालत खराब। चटपट हाथ जोड़ दिया—प्रभु क्या गलती हुई है?"

गोपी कुछ अविश्वास के साथ संजय की बात सुन रहा था।

"तुम मेरे भक्त गोपी को बहुत परेशान करते हो।"

"नहीं प्रभु, आपको गलत इन्फॉर्मेशन मिली है।"

"बकवास बन्द...खुद मेरे भक्त ने यह बात बताई है।"

गोपी सोचने लगा, "कुछ कहा तो नहीं था उसने, लेकिन लगता है कि हनुमान जी ने मेरे दिल की बात सुन ली है। अब आया बच्चू औकात में!"

"फिर क्या हुआ... ?"

"वो बाद में बताऊँगा। पहले ये बता कि क्या वाकई तूने मेरी शिकायत की थी उनसे?"

"छोड़ उस बात को। आगे बता क्या हुआ?"

''नहीं, पहले बता, क्या तूने मेरी शिकायत की थी?''

''बताता हूँ, पहले ये तो बता कि आगे क्या हुआ?''

''आगे क्या हुआ। हनुमान जी उसी तरह गदा ताने रहे। धमकाया कि तू खुद ताजी खीर खाता है और मेरा भक्त बासी खीर खाएगा! ये नहीं हो सकता। तुझे पनिशमेंट दिया जाता है, तू बासी खीर खा। जल्दी उठकर खीर खा, नहीं तो तेरा सिर फूटा!''

रूम में जबरदस्त ठहाका लगा। गोपी की खीर टपा दी थी संजय ने।

लाला का सबसे अलग केस था। राहुल लाला के बारे में कोई साफ राय नहीं बना पाता था। चाहता क्या है ये बन्दा? ना कैरियर को लेकर सीरियस, ना किसी रिश्ते को लेकर। 10 साल पहले दिल्ली आ गया था। यूपीएससी का चांस खत्म हो चुका था। अब स्टेट पीसीएस के फॉर्म भरता है, लेकिन बस भरता है। एग्जाम भी देता है, क्योंकि उसके पापा देने के लिए कहते हैं।

''लाला के पापा के पास बहुत पैसा है। ढेर सारा, लेकिन पावर और प्रेस्टीज के लिए मरते रहते हैं। अब खाद ब्लैक करनेवाले को कौन इज्जत देता है? थाने को भी हफ्ता दो, नेता जी को भी चन्दा। किसी को कुछ कह नहीं सकते थे। एक बार एक मामूली इंस्पेक्टर से पंगा लिया था। पाँच हजार के लिए, उसने 50 हजार की चोट दे दी थी। गोदाम में छापा पड़ गया था।''

श्याम भैया बताया करते थे लाला के पापा के बारे में, चेहरे पर कड़वाहट लिये।

''इसके पापा की बड़ी ख्वाहिश है कि बेटे को लालबत्ती मिल जाए। दिन-रात सोते-जागते लालबत्ती का ख्वाब देखते रहते हैं लेकिन उस बत्ती की चमक में बेटे के चेहरे की चमक कब गुम हो गई, इसका पता भी नहीं चला उन्हें। जिस लड़की से ये प्यार करता था, उसकी शादी कहीं और हो गई। घर पर इसने पिता को मनाने की कोशिश की थी, लेकिन पिता को बेटे के प्यार से ज्यादा लालबत्ती से प्यार था।''

पिता के साथ रिश्ता फिक्स था लाला का। एक लेटर लिखकर फोटोस्टेट करा लिया था।

आदरणीय पिताजी,

सादर चरण स्पर्श!

अत्र कुशलम् तत्रास्तु। मैं अच्छी तरह हूँ। मुझे इस महीने...रुपए की जरूरत है। आशा करता हूँ कि घर में सब स्वस्थ और प्रसन्न होंगे।

आपका,

लाला

बस हर महीने इस लेटर में खाली जगह में नई डेट और मेस बिल के हिसाब से नया एमाउंट भरता और पिता को भेज देता। पिता से मिले पैसे को

ईमानदारी से किताब, कॉपी, किराया और मेस बिल में खर्च करता था। अपनी ट्यूशन की कमाई से पार्टी। महीने की शुरुआत में सिगार, उसके बाद महँगी विदेशी सिगरेट, बाद में इंडियन सिगरेट और 20–25 तारीख के बाद बीड़ी! एक बार उसने उसे सिगरेट के बट चुनते भी देखा था। महीने का आखिरी सप्ताह चल रहा था। मस्तमौला फकीरों की जिन्दगी जी रहा था। बस जिस दिन माँ का खत आ जाता था, उस दिन किसी से नहीं मिलता था। इन्दिरा विहार के नाले किनारे देर रात तक बैठकर पीता रहता था। माँ को बहुत चाहता था, लेकिन चाहकर भी उसे खुश नहीं रख पाता था।

"कैसे खुश रखूँ माँ को? वह अब पोता-पोती चाहती है और यहाँ मैं! जब किसी लड़की को मैं उसका हक ही नहीं दे पाऊँगा तो उसकी जिन्दगी क्यों खराब करूँ मैं?"

शालू जून में दिल्ली आ रही है। अपने परिवार के साथ। वैष्णो देवी जाने का प्लान था उनका, लेकिन दिल्ली में दो दिन रुकनेवाले थे सब। सात महीने बाद मुलाकात होगी शालू से, राहुल का दिल धड़क रहा था—इतने दिनों बाद मिलेंगे! कटिहार में तो रोज मुलाकात हो जाती थी लेकिन यहाँ तो बस फोन और मेल का सहारा।

शालू से मिलने के लिए मचल रहा था राहुल। लेकिन उसके जालिम पापा! साथ में उसका गैंडा भाई! कितना मारा था उस समय गैंडे ने। धोकर रख दिया था! तब राहुल छोटा था। आमने-सामने की मार में कतई टिक नहीं पाता। उस पर से शालू के पापा कटिहार के बड़े ठेकेदार। शराब के कई ठेके! गुंडे-मवाली उनके दरबारी। गैंडा भी अपने पापा की राह पर था। उसके भी दर्जनों चेले-चपाटे। गुरिल्ला युद्ध के बारे में पढ़ी बातों का तब बखूबी इस्तेमाल किया था राहुल ने। कई दिनों तक बदले की ताक में रहा, तब जाकर मौका मिला था। शालू ने बातों-ही-बातों में कहा था कि "भैया कल सुबह पाँच बजे स्टेशन जाएगा। अपने ससुर को रिसीव करने।"

संजय के साथ प्लान बनाया राहुल ने। दोनों दोस्त एक बड़ा कम्बल लेकर पार्क के कोने पर खड़े हो गए। ठंड के दिनों में सुबह पाँच बजे अँधेरा ही रहता है। पहचाने जाने का ज्यादा खतरा नहीं था। बस पकड़ में नहीं आना है। गैंडे ने जैसे ही पार्क के मोड़ पर बाइक की स्पीड कम की, पहले से घात लगाए दोनों दोस्तों ने उस पर कम्बल डाल दिया। मोटा बाइक के साथ गिर पड़ा और एक बार गिरा तो फिर गिरा ही रहा। संजय कम्बल ओढ़ाए हुए था और राहुल बदला चुकाने में बिजी।

गैंडे को धोने के बाद राहुल के दिल को काफी ठंडक मिली थी, लेकिन उसके बाद तीन महीने तक बड़ी मुसीबत। जोश में आकर अपनी जाँबाजी का किस्सा बता दिया था शालू को। शालू उस वक्त काफी रोई थी जब गैंडे ने उसे मारा था। भाई के धोने के बाद ही राहुल के लिए उसके मन में प्यार उमड़ा था। जितने तमाचे लगे थे गाल पर, उससे ज्यादा किस मिला था राहुल को। तब अपने भाई को काफी बुरा-भला कहा था शालू ने। राहुल ने सोचा कि उसकी जाँबाजी के किस्से को सुनकर शालू खुश होगी, लेकिन हो गया उल्टा। इस बार भाई के लिए रो दी। उसने तीन महीने तक राहुल से बात नहीं की। गनीमत रही कि अपने भाई को नहीं बताया कि उसे धोनेवाला राहुल है। गैंडे ने भी किसी को नहीं बताया था। चोट के बारे में घर में कहा कि बाइक से गिर गया था।

सिर झटककर पुरानी यादों से निकला राहुल। नेक्सट संडे एग्जाम है। फाइनल टच देना है। नया कुछ भी पढ़ने का टाइम नहीं है। वैसे भी एग्जाम के समय नया पढ़ने से ज्यादा अच्छा होता है कि पुरानी चीजों को ही ठीक से याद रखो।

इतनी सारी बुक्स! सभी को एक बार फिर से देखना होगा। हर सब्जेक्ट के मेन बुक्स के पन्नों पर कुछ फैक्ट्स अलग से लिख रखे थे राहुल ने। दूसरी किताबों के फैक्ट्स। मेन बुक्स के खास फैक्ट्स को पेंसिल से अंडरलाइन किया था। श्याम भैया ने बताया था, ''इससे आखिरी समय में रिवीजन करते समय सभी बुक्स को देखने की जरूरत नहीं रहती है।''

श्याम भैया से काफी मदद मिलती थी राहुल को। जब भी किसी प्रॉब्लम में फँसता था, उनसे सलाह लेने जाता था। डिस्कशन से काफी मदद मिलती है पीटी क्लीयर करने में।

''पीटी की तैयारी करते समय शुरू में एक बार सारी बुक्स देख जाओ। अनसॉल्वड पेपर पर प्रैक्टिस करो। लेकिन आखिरी महीने केवल सेलेक्टिव स्टडी करो। पिछले पाँच साल के क्वेश्चंस को 50 बार देखो। उससे आइडिया लग जाता है कि एग्जाम में किस तरह के सवाल पूछे जाते हैं। पाँच-दस सवाल तो पिछले पाँच सालों के पेपर के ही होते हैं। लास्ट वीक में हर सब्जेक्ट के मेन बुक्स पर फोकस करो। उस पर लिखी दूसरी किताबों के फैक्ट्स पर फोकस करो। प्रैक्टिस सेट तो भूलकर भी मत बनाओ। कम स्कोर आएगा तो टेंशन होगा, अच्छा स्कोर आएगा तो ऑवर कॉन्फिडेंस के शिकार हो सकते हो। हाँ, कभी भी किसी फैक्ट्स के लिए रट्टा मारने की कोशिश मत करो। एग्जाम में अगर उससे रिलेटेड सवाल आता है तो वह खुद-ब-खुद तुम्हारे दिमाग में आ जाएगा।''

''फ्लैश की तरह चमकता है वो ऑनशर सीट में।''

संजय मजाक करता था।

''बस, जैसे ही पहली बार चमके! तुरन्त उसे अपने कब्जे में लो। ऑनशर सीट पर पेंसिल से लक्ष्मण रेखा खींचकर कैद कर लो। पहली बार में लपेटे में नहीं ले पाए तो वो भी लड़की की तरह दोबारा चांस नहीं देगा। दूसरे के हाथ चला जाएगा।''

संजय हर टॉपिक में लड़की को जरूर घसीट लाता है। पूछो कि सब्जी कैसी बनी है, तो कहेगा कि हीना की तरह हॉट! स्मृति की तरह स्पाइसी! डॉली जैसी दुखियारी आत्मा! लौकी कैसी है, तो कहेगा कि लगता है कि ये भी उस कनिका की तरह जिम नहीं जाती होगी! ऊपर से नीचे तक एक बराबर, कहीं कोई कट्स नहीं! अपनी फिगर का जरा भी खयाल नहीं है इस लौकी को। अब ये खाने में खाक टेस्ट देगी!

अपने पापा की व्हिस्की टपाने में माहिर था संजय। जितना निकालता था, उतना ही पानी मिला देता था; लेकिन उसके पापा उससे भी बड़े सयाने! एकदम मस्त रहनेवाले। एक बार मूड में आकर संजय को समझाया था— ''देखो, व्हिस्की पीना है तो पी लिया करो; लेकिन पानी तो मत मिलाया करो। पैग का अन्दाज गड़बड़ा जाता है।''

संजय की माँ को पता नहीं था पिता-पुत्र का ये रिश्ता। पापा से ही दिन-रात किचकिच करती रहती थीं। इस बात का पता चल जाता तब तो!

एग्जाम से पहले और बिन्दास हो जाता है संजय। टाइम फिक्स कर लेगा। रात आठ बजे के बाद बुक्स नहीं छूना है तो नहीं छूना है। बाकी लड़के बुक्स में सिर खपाते रहेंगे, लेकिन संजय आठ बजे के बाद मटरगश्ती करेगा। बत्रा पर जाकर आई टॉनिक लेगा। रात को खा-पीकर मस्त!

''पीटी में सारे सवालों का जवाब जानना जरूरी नहीं होता है। महत्त्वपूर्ण चीज होती है कि आप पढ़ी हुई चीजों में गलती नहीं करो। दरअसल 10 फीसदी सवाल ऐसे होते हैं जिनका जवाब पेपर बनानेवाले को भी पहले से पता नहीं होता है। बाबा आदम के जमाने की किताब में वैसे फैक्ट्स मिल जाते हैं, उन्हें उठाकर पेपर में डाल देते हैं। इम्प्रेशन जमाने के लिए। वैसे सवालों पर तो फँसना ही नहीं चाहिए। झूठ-मूठ का टाइम वेस्ट होता है। उस पर से कॉन्फिडेंस कम होता है। पहले उन्हीं सवालों का जवाब दो जिनके जवाब के बारे में तुम हंड्रेड परसेंट श्योर हो। उसके बाद उन सवालों को टच करो जिनके जवाब के बारे में तुम्हें हल्का-सा डाउट हो। कॉमन सेंस अप्लाई करो। इससे काफी मदद मिलती है। चारों ऑप्शंस देखकर भी सवाल का जवाब तलाशने की कोशिश करो।''

राहुल मजाक करता था चारों ऑप्शन्स देखकर जवाब तलाशने की बात पर। एक 'नमूना' पीटी देकर बाहर निकल रहा था। किसी ने पूछ लिया तुम्हारे पिताजी का क्या नाम है? जवाब मिला—"पहले चारों आप्शंस बताओ!" सब कसकर ठहाके लगाते।

लेकिन आजकल बड़ी मुश्किल से ठहाके लगा पाता था राहुल। नहीं चाहते हुए भी तनाव हावी हो रहा था। इंडिया का सबसे प्रेस्टिजिएस एग्जाम। चार सौ सीट और बैठनेवाले चार लाख! कभी-कभी दिल बैठने लगता था उसका।

"देखो बेटा, टॉप पर हरदम स्पेस होता है। वहाँ हरदम जगह खाली होती है। बस आपकी नजर होनी चाहिए उस सीट पर। हिम्मत होनी चाहिए उस सीट को पाने की।"

पापा की पुरानी बातों से बहुत हौसला मिलता था राहुल को। जिन्दगी के सफर में बड़े-बजुर्गों की बातें कब कहाँ काम कर जाती हैं, किसी को नहीं पता होता है।

पीटी से दो दिन पहले राहुल और संजय दोनों थोड़ा नर्वस थे। दोनों पहली बार पीटी में बैठ रहे थे। दिल धड़क रहा था।

"कैसे सवाल आएँगे?"

"देखो अगर पेपर टफ आता है तो खुश हो जाओ। टफ पेपर में नॉन सीरियस स्टूडेंट वैसे ही बाहर हो जाते हैं। बड़ी भीड़ छँट जाती है। सिक्का उछालनेवाले एग्जाम के बाद भी सिक्का ही उछालते रह जाते हैं। कट ऑफ काफी कम हो जाता है। इसीलिए टफ पेपर देखकर कभी नर्वस मत होना।" श्याम भैया ने दोनों को समझाया।

"और पेपर आसान हुआ तो?"

"तो बस जाने हुए सवाल को गलत मत करना। आसान पेपर में आमतौर पर लड़के रिलैक्स हो जाते हैं। बस, यहीं चूक होती है। उस चूक से बचना।"

श्याम भैया की सलाह काफी काम करती थी। तजुर्बा नए जज्बे को सही दिशा देता है।

परीक्षा हॉल में तनावभरी खामोशी थी। हर चेहरे पर एक रंग आ रहा था, एक जा रहा था। राहुल और संजय आँख बन्द किए हुए थे। श्याम भैया ने समझाया था—पेपर मिलने से पहले दो-तीन मिनट के लिए दीन-दुनिया

से बेखबर हो जाना। आँख बन्द कर दुनिया में जिसको सबसे ज्यादा चाहते हो, उसका ध्यान करना। उसकी तस्वीर बन्द आँखों के सामने होनी चाहिए। परीक्षा, पेपर—सब कुछ भुलाकर। इससे माइंड कॉन्सेंट्रेट हो जाता है, कॉन्फिडेंस भी मिलता है।

राहुल की आँखों के सामने कई चेहरे आ-जा रहे थे। माँ की ममता, पिता का गम्भीर चेहरा, हँसती-मुस्कराती बहन, भैया-भाभी और दोनों गोल-मटोल भतीजे और ये रही शरारती शालू! बस एक बार लालबत्ती मिल जाए, उसके बाद तो शालू को पालकी पर बिठाकर लाऊँगा।

राहुल ने आँखें खोलीं तो देखा संजय अब भी आँखें बन्द किए हुए है। पेपर बँटने लगे थे। उसने संजय को हाथ लगाया। संजय जैसे गहरी नींद से जगा।

"क्या करता है राहुल? डिस्टर्ब कर दिया न।"

"अबे, किसके ध्यान में धूनी रमाए हुए था?"

"देख रहा है पेपर बाँटनेवाली को। क्या मस्त फिगर है!"

"तुम साले सुधरनेवाले नहीं हो!"

इस तनाव में भी ठहाका लगाने की हिम्मत रखता है संजय। राहुल भी हँस पड़ा। पेपर मिल चुका था। संजय के पास से वो लड़की गुजरी तो उसने लम्बी साँस ली। राहुल को पता था, अब ये इंटरवल टाइम में उसके परफ्यूम पर कुछ नॉनवेज कमेंट पास करेगा।

पेपर सॉल्व करने में ज्यादा परेशानी नहीं हुई दोनों को। कुछ सवाल काफी टफ थे, लेकिन ज्यादातर सवालों के जवाब आते थे दोनों को। जीएस का पेपर भी ठीक गया था। शाम को श्याम भैया के पास बैठकर दोनों अपना स्कोर देख रहे थे। संजय ने पचासी सवालों के सही जवाब दिए थे। पन्द्रह सवालों का जवाब गलत निकला। पाँच सवालों का कुछ अता-पता नहीं था। बाकी पन्द्रह सवालों के सही जवाब पर कन्फ्यूजन था। राहुल ने सत्तासी सवाल सही किए थे, लेकिन तेईस सवालों के गलत जवाब दिए थे। बाकी सवालों पर वही कन्फ्यूजन। जीएस का दोनों का स्कोर एक सौ पन्द्रह के आसपास था।

"निकल जाएगा तुम दोनों का पीटी।" श्याम भैया आश्वस्त कर रहे थे दोनों को। "कुछ दिन मस्ती करके मेन्स की तैयारी शुरू कर दो। रिजल्ट का वेट मत करो।"

संजय ज्यादा ज्ञान सुनने के मूड में नहीं था। राहुल ने पिछले एक महीने से एक भी पैग नहीं लगाने दिया था। गला सूख गया था उसका और ये साला राहुल बैठकर सवालों के जवाब तलाश रहा है!

"अरे परीक्षा का मतलब ही होता है—पर-इच्छा! दूसरे की इच्छा! अपना काम करके आ गए। अब आगे वाले की इच्छा। यहाँ तो पेपर में ये भी लिखने का स्कोप नहीं है कि प्लीज सर, मुझे पास कर दीजिएगा, नहीं तो मेरी शादी टूट जाएगी। मैं कुँआरी बैठी रह जाऊँगी। आपको अपनी बेटी की कसम!" मैट्रिक के एक पेपर में एक लड़की ने यही लिखा था। सर ने जब बताया था तो सब खूब हँसे थे।

"क्या संजय, क्या इरादा है? सबका इन्तजार करोगे कि शुरू किया जाए!"

श्याम भैया का सब लिहाज करते थे। एक लोकल गार्जियन का दर्जा था उनका। दाएँ-बाएँ सब करते थे, लेकिन उनसे बचाकर। ये क्या, आज तो वो भी मूड में थे। पहले से बोतल मँगाकर रखे हुए थे। जबरदस्त चीयर्स हुआ। कुछ और दोस्त आ गए थे। फिर वही लिट्टी-चोखा, मटन और रम की पार्टी। उपला नहीं जल रहा था। कैरोसिन तेल था नहीं।

संजय ने अपना पैग उपले के ढेर में डाल दिया था। भक्क से आग जल गई थी।

"जालिम दुनिया, जहर जिसे कहते हो वो दवा भी होती है। बस, दारू को दवा बनाने का हुनर आना चाहिए!"

आज शालू आ रही है। नई दिल्ली रेलवे स्टेशन पर राजधानी एक्सप्रेस आती है। राहुल सुबह से ही स्टेशन जाने के लिए मचल रहा था। दूसरी तरफ संजय मजे ले रहा था।

"क्या फायदा है स्टेशन जाकर। मिल तो तुम पाओगे नहीं। तेरा जालिम ससुर और तेरा मोटा गैंडा साला। दूर से ही नजरें चार करोगे। यार, क्या मिलता है इस तरह दूर-दूर से देखकर। महबूबा पास हो, हाथ में हाथ हो...तो कुछ बात भी हो।"

"साले, तुम तैयार होते हो या बकवास करोगे?"

"पंगा मत ले, बेटा। तेरी शालू से दिल्ली में मुलाकात मेरे ही हाथ में है।"

संजय ने जिम्मा लिया था शालू से मिलाने का। कहता था, मस्त प्लान बनाया है, तेरे ससुरश्री और सालाश्री सिर पकड़े रह जाएँगे। लेकिन बताता नहीं था प्लान के बारे में। पहले पार्टी की शर्त रखी थी कमीने ने।

शालू की नजरें उसे ही तलाश रही थीं। राहुल और संजय ब्रिज से देख रहे थे उसे। सात महीने के बाद देख रहा था अपनी शालू को राहुल, लेकिन

वो उसे नहीं तलाश पाई थी। राहुल ने बताया था कि वो ब्रिज पर रहेगा। शालू नजर बचाकर बार-बार ब्रिज की तरफ देख रही थी, लेकिन दोनों की नजरें नहीं मिली थीं। उसके दीदी और जीजाजी रिसीव करने आए थे।

"अरे ये क्या! ये तो दूसरे ब्रिज की तरफ चले सब!"

राहुल और संजय भागे उस तरफ। बचते-बचाते। पकड़े जाने का भी डर था। कहीं अगर उसके घरवालों ने देख लिया तो फिर सारा प्लान चौपट।

कुली कार में सामान रख रहा था। शालू उस वक्त भी इधर-उधर देख रही थी, लेकिन राहुल कहीं नजर नहीं आ रहा था। नजर आए भी कैसे? उस वक्त तो राहुल एक खम्भे की ओट से उसे देख रहा था। कई बार हाथ भी हिलाया, लेकिन शालू की नजर नहीं पड़ी। ज्यादा रिस्क लेना मुमकिन नहीं था। संजय और राहुल दोनों को उसके परिवारवाले पहचानते थे। खिड़की के पास बैठी थी शालू। नजरें बाहर राहुल को तलाश रही थीं।

दोनों पार्किंग की तरफ भागे। अब बाइक से पीछा करने का ही ऑप्शन बचा था। आईटीओ की रेड लाइट के पास मौका मिला। संजय ने बाइक कार से सटाकर खड़ी कर दी। लेकिन शालू सामने देख रही थी। राहुल ने खिड़की को हल्के हाथ से ठोंका। शालू के साथ-साथ उसकी दीदी की नजरें भी घूम गईं, लेकिन हेलमेट ने बचा लिया राहुल को। शालू काँप उठी। चेहरे पर पसीना आ गया। पहचान गई थी वो, लेकिन दोबारा बाहर देखने की हिम्मत नहीं जुटा पाई। ग्रीन लाइट हुई तो जान में जान आई। क्या जरूरत थी इतना रिस्क लेने की? लेकिन अच्छा लगा उसे।

"डार्लिंग, बिना रिस्क के जिन्दगी कैसी! Big risk, Big gain—खतरा जितना बड़ा होता है, उपलब्धि भी उतनी ही बड़ी होती है। जो रिस्क लेने से डरते हैं, वे यूपीएससी का नाम भी नहीं लेते हैं।" राहुल की बातें याद आ रही थीं उसे।

तीसरे दिन शालू से मिलने में जरा भी परेशानी नहीं हुई राहुल को। संजय जबरदस्ती माहौल बनाए हुए था पार्टी के लिए। बस उसके घर पर एक लड़की से फोन कराया था। यह कहकर कि मैं उसकी दोस्त बोल रही हूँ। शॉपिंग के बहाने शालू निकल गई थी उसके साथ। फोन पर पहले ही सब कुछ सेट हो चुका था। शाम के वक्त दोनों इंडिया गेट पर बैठे हुए थे। भीड़ से दूर एक पेड़ के नीचे। राहुल उसकी गोद में सिर रखकर चुपचाप लेटना चाहता था, लेकिन वह चुप रहने के लिए तैयार नहीं थी। सात महीने का पूरा

हिसाब-किताब ले रही थी। साथ ही अपनी शादी के मसले पर भी चर्चा कर रही थी।

"मम्मी बोल रही थी कि इस लग्न में किसी तरह शालू की शादी कर देनी है। मुझे तो, राहुल, कई बार बहुत डर लगता है! पता नहीं अपनी तकदीर में क्या लिखा है?"

राहुल खामोशी से उसकी बातें सुन रहा था।

"शालू, उन परिन्दों को देख रही हो? कितने खुश नजर आ रहे हैं!"

शालू की नजरें परिन्दों पर गईं। कुछ बड़े, कुछ छोटे। कुछ नर, कुछ मादा। कुछ छोटे-छोटे बच्चे। सब खुशी से चहचहा रहे थे।

"जानती हो शालू, ये इतने खुश क्यों हैं?"

"क्यों?" शालू कुछ समझ नहीं पाई।

"क्योंकि इन पर किसी तरह के आर्थिक, सामाजिक, धार्मिक बन्धन नहीं हैं। ये अपनी जिन्दगी जीने के लिए आजाद हैं।"

शालू समझ रही थी राहुल के दिल की बात। उनकी शादी में कास्ट फैक्टर का बड़ा गम्भीर रोल रहनेवाला था।

"फ्रांस में एक फिलॉस्फर थे—रूसो। बरसों पहले उन्होंने एक सवाल फ्रांस की जनता से पूछा था। आदमी पैदा तो स्वतंत्र होता है, लेकिन बाद में वह जंजीरों से क्यों जकड़ जाता है? फ्रांस की जनता ने इसका जवाब ऐतिहासिक फ्रांसीसी क्रान्ति से दिया था।"

शालू ने पढ़ा था फ्रांसीसी क्रान्ति और रूसो के बारे में।

"लेकिन राहुल बन्धन और व्यवस्था तो जरूरी है न इस समाज के लिए, नहीं तो अगर सब अपने मन की करने लगे तो सोचो क्या होगा? कितनी अव्यवस्था फैल जाएगी। जंगलराज की हालत पैदा हो जाएगी।"

"बात सही कह रही हो तुम। किसी भी समाज के लिए एक सिस्टम का होना बहुत जरूरी होता है, लेकिन वक्त के साथ उस सिस्टम में बदलाव भी होना चाहिए। जो व्यवस्था आज से हजार साल पहले के लिए सही थी, वही व्यवस्था आज के लिए सही नहीं हो सकती। वक्त के साथ अगर नहीं बदलोगे तो फिर शिकायत करते रहोगे कि जमाना बदल गया है।"

शालू को अच्छी लगती थी राहुल की बात। खासकर जब वह गम्भीर होकर इस तरह की बातें करता था। वह खामोशी से उसके सिर को सहलाती हुई उसकी बातें सुन रही थी।

"अब देखो, इस दुनिया में धर्म के नाम पर कितनी मौतें होती हैं। वजह वही धार्मिक पाखंड। तुम कभी गौर से देखना। दुनिया के हर धर्म की आत्मा एक है। वही मानवता, वही इनसानियत की सीख। बस हर धर्म का चोला

अलग है, शरीर अलग है लेकिन सबकी आत्मा एक। कोई मन्दिर में घंटी बजाता है, कोई मस्जिद में नमाज अदा करता है, कोई चर्च जाता है, कोई गुरुद्वारा। सब जगह एक ही शिक्षा मिलती है। लेकिन ज्यादातर लोग धर्म के मर्म को समझ ही नहीं पाते हैं। देखो, कबीरदास ने कितना सही कहा है...''

''अच्छा चलो, इस टॉपिक को चेंज करो।'' शालू को पता था कि अब ये अपने आइडियल कबीर की बात सुनाएगा। कबीर की बातें शालू को भी अच्छी लगती थीं, लेकिन कुछ ज्यादा ही 'टु द प्वाइंट' बोलते थे वो।

अचानक मौसम का मिजाज बदला। पहले तेज हवा चली, फिर अचानक मूसलाधार बारिश। सब इधर-उधर भागने लगे बारिश से बचने के लिए। राहुल और शालू भागकर एक पेड़ के तने से सटकर खड़े हो गए। दोनों बारिश की बौछार से तो बच गए लेकिन पत्तों से टपकती बूँदों से बचने का कोई उपाय नहीं था। शालू के चेहरे पर बारिश की एक बूँद ठहर गई थी। राहुल उस बूँद को गौर से निहारने लगा। शालू के गुलाबी चेहरे पर बारिश की वो प्यारी बूँद, दूसरी तरफ बाएँ गाल पर काला तिल। दौलत-ए-हुस्न का कड़क दरबान! राहुल ने यह नाम दिया था उसे, लेकिन इस वक्त सेर का सवा सेर मिल गया था। बारिश की बूँद गुलाबी रंग में समाने को बेताब थी, दूसरी तरफ दरबान गुस्से में और काला लग रहा था। राहुल मदहोश हो रहा था।

शालू को राहुल के दिल की कुछ खबर नहीं थी। वह तो इसी चिन्ता में डूबी हुई थी कि अब घर कैसे जाऊँगी ? लेकिन राहुल के दिमाग में कुछ और चल रहा था। बारिश की बूँद की किस्मत से जल रहा था वह। बारिश की वजह से दूर-दूर तक कोई नजर नहीं आ रहा था। सब बारिश से बचने के लिए जहाँ-तहाँ दुबके हुए थे। पुलिसवाले तो पहले ही अपनी जिप्सी में शरण ले चुके थे।

अचानक राहुल उस पेड़ पर चढ़ गया और हाथ बढ़ाकर उसने शालू को ऊपर खींच लिया। उस मौसम में किसी की नजर पड़ने का सवाल ही नहीं था। थोड़ी देर बाद दोनों पेड़ से उतरे तो राहुल का चेहरा चमक रहा था। ठीक उस बिल्ली की तरह जो 'मलाई के कटोरे' पर हाथ साफ करके हटती है! बेमौसम की इस बरसात को राहुल दिल से थैंक्यू कह रहा था, लेकिन शालू कुछ कहने-समझने की हालत में नहीं थी। शुरू में कुछ समझ में ही नहीं आया कि हो क्या रहा है और जब तक वह समझती, तब तक सब कुछ हो चुका था!

'ये दुष्ट राहुल, हरदम लपेटे में लेने की फिराक में रहता है! पहली बार होली की मस्ती में चांस मारा था। दूसरी बार दिल्ली आने से एक हफ्ते पहले। कमीना, दिल्ली आनेवाले दिन भी चांस मार रहा था...और तीसरी बार, तीसरी बार तो इंडिया गेट में पेड़ पर! हद है! कोई देख लेता तो!' ऑटो में तेज धड़का था उसका दिल। 'साला, बस बातें करता है रूसो और अरस्तू की, लेकिन हरकतें! हरदम मौके की तलाश में रहता है कमीना। मिला मौका, मारा चौका! इस बार तो साले ने छक्का ही जड़ दिया है!' राहुल को मोटी गाली दी शालू ने।

'पेड़ पर साले को चाँटा मारने का भी स्कोप नहीं था। मैं तो बस किसी तरह डाल पकड़कर अपने आपको गिरने से बचा रही थी...और ये साला! ना गिरने का डर, ना देखे जाने का। पता नहीं, ऐसे मौकों पर क्या हो जाता है इसे। दीन-दुनिया से बेखबर हो जाता है। कमीना, दिल्ली में आईएएस की तैयारी कर रहा है या फिर?'

रात को सोते समय भी यही सब सोच रही थी शालू। 'मिलने दो, फिर उसकी क्लास लेती हूँ', लेकिन ज्यादा देर तक सोचने का मौका नहीं मिला उसे। सुनी-जानी गालियाँ सब वह बोल चुकी थी। कुछ बचा न था। थोड़ी देर बाद एक मीठा-सा अहसास उसके दिलो-दिमाग में छाने लगा। तकिए में राहुल का चेहरा नजर आया। उसके गाल पर दो चाँटे मारे। हौले से, फिर दस-बारह प्यार की पप्पी। वो हौले से नहीं थे। और आखिर में राहुल को प्यार से गले लगा लिया शालू ने। राहुल के स्टाइल में।

'साला, बस देखने में दुबला-पतला है, लेकिन पकड़ता है तो साँस थम जाती है। पेड़ पर तो... !' पता नहीं कब का सुना गाना कान में बजने लगा—
दिन जवानी के चार यार, प्यार किए जा...

ज्यादा देर तक इंडिया गेट के ऐतिहासिक एपीसोड के बारे में नहीं सोच पाई शालू। मीठे अहसास के साथ सो गई। रात भर तकिया बनकर सीने से चिपका रहा राहुल। बिना कोई शरारत किए। शालू ही रात-भर उससे शरारत करती रही। कभी इस करवट, कभी उस करवट।

शालू अपने घरवालों के साथ वापस कटिहार लौट गई। दोबारा मुलाकात का चांस नहीं मिल पाया। वैसे भी पीटी का रिजल्ट आ चुका था। संजय और राहुल दोनों पास हो गए थे। दोनों अपने रूम में कैद हो चुके थे। बस कोचिंग के लिए एक बार रूम से निकलते थे। बहुत मन हुआ तो रात को खाना खाने के बाद बत्रा का एक चक्कर। दीन-दुनिया की कोई खास खबर नहीं रहती थी। किताबें और बस किताबें! शालू ने कटिहार से मेल किया था। गाली देते हुए, लेकिन मेल के आखिर में खाने-पीने पर खास

खयाल रखने के लिए कहते हुए चेताया था—"दिल्ली जाकर काफी दुबले हो गए हो!"

हनुमानभक्त गोपी के साथ खेल हो गया इस बार रामलीला में। हर साल वह इन्दिरा विहार की रामलीला में हनुमान बनता था। राम-सियाभक्त हनुमान गोपी! पूरी रामलीला पूरी होने तक भक्ति-भाव में विभोर रहता था। सोते-जागते हनुमान जी के कैरेक्टर को जीने की कोशिश करता। इस बार भी रामलीला में रंग जमाए हुए था। मंच पर खूब उछल-कूद रहा था, लेकिन उससे ज्यादा उसकी पूँछ उछल रही थी। बस उसी पूँछ ने मुसीबत खड़ी कर दी उसके लिए। एक सरदार जी के बच्चे का दिल आ गया उसकी पूँछ पर। लपककर पकड़ लिया उसकी पूँछ को और खींचकर छोड़ा तो जबरदस्त चोट लगी गोपी को। तिलमिला उठा गोपी, लेकिन हनुमान जी की गरिमा का खयाल करके फिर रामलीला में बिजी हो गया।

अशोकवाटिका का प्रसंग था। सीता जी को धमकाने के लिए रावण आया हुआ था। मंच के एक कोने में हनुमान जी छुपकर सीता और रावण की बातचीत सुन रहे थे। उनकी पूँछ मंच के बाहर लटक रही थी।

रावण—"आखिरी बार समझा रहा हूँ, सीते!"

चट्ट...तेज चोट लगी गोपी को पीठ में। सरदार जी के बच्चे को अच्छा मौका हाथ आया था। मंच के बाहर लटकती पूँछ को पकड़ा और फिर खींचकर छोड़ दिया। गोपी ने गुस्से से बच्चे को घूरा, लेकिन कुछ करने का मौका नहीं था। खामोशी से खून के घूँट पीकर वह फिर रावण की बात सुनने लगा—

"सीते, तुम्हारा राम मेरा कुछ नहीं बिगाड़ सकता। मैं ब्रह्मांड में सबसे शक्तिशाली हूँ...हाऽहाऽऽहाऽऽऽ"

चट...चट्ट...फिर चोट लगी गोपी को। इस बार पूँछ के आखिरी सिरे की भी चोट लगी गोपी को। गुस्से से घूरा उसने सरदार जी के बच्चे को, लेकिन वह डरने के बजाय खुश होकर ताली बजा रहा था। गोपी कटकर रह गया।

सीता—"दुष्ट, पतित, पराई नारी पर बुरी नजर रखनेवाले, रावण! तेरा अन्त नजदीक आ गया है। मेरे राम आएँगे, जरूर आएँगे!"

गोपी कुलबुलाया। इसी समय सीता मैया के पास पहुँच जाऊँ क्या? नहीं, डायरेक्टर ने बताया है कि सीता मैया के सामने उसकी इंट्री होगी रावण के जाने के बाद। इस समय उसे छुपकर दोनों की बात सुननी है।

फट्ट...इस बार बहुत तेज चोट लगी गोपी को। जूनियर सरदार जी के खेल में उसके दो-चार यार-दोस्त भी शामिल हो गए थे। सब घूम-घूमकर पकड़ने लगे गोपी की पूँछ। गोपी की मजबूरी थी कि वो मंच का कोना छोड़कर बीच में नहीं जा सकता था। बीच मंच पर रावण-सीता संवाद चल रहा था!

रावण—''देख सीते, तुझे आखिरी बार समझाता हूँ। मान जा, वरना...''

फट्ट, फट...फिर तेज चोट लगी गोपी को। इस बार आपा खो बैठा गोपी। अब और नहीं! रावण से बाद में निपटूँगा, पहले पूँछ-प्रेमियों को सबक सिखाऊँगा।

मंच पर ही खींच लिया उसने जूनियर सरदार जी को। सब हल्ला करने लगे, लेकिन गोपी बहुत नाराज था।

''पाजी, दुष्ट, मेरी पूँछ पकड़ता है, ये ल्ले!'' गोपी ने पूँछ को कमर से निकालकर मारा बच्चे को—''ले, यही पूँछ चाहिए न तुझे...ले-ऽ...'' पूँछ से दनादन मार रहा था गोपी बच्चे को।

सीता जी गड़बड़ा गई। ये सीन तो रामलीला में था नहीं। रावण गया नहीं, लेकिन हनुमान की मंच पर इंट्री हो गई थी और वह भी एक बच्चे को पीटते हुए। रामायण की कथा में बच्चा कहाँ से आ गया? कहीं डायरेक्टर ने रामलीला का बेस्ट अवार्ड जीतने के चक्कर में 'सरप्राइज एलीमेंट' तो नहीं डाल दिया? लेकिन मुझे अपनी मर्यादा का ध्यान रखना है। 'क्राइसिस मैनेजमेंट' का क्लास अभी काम आएगा। सीता जी ने अपनी मर्यादा को ध्यान में रखते हुए गोपी को समझाया—

''भक्त हनुमान, धैर्य रखो। बच्चे तो भगवान के रूप होते हैं।''

लेकिन गोपी कहाँ सुन रहा था किसी की बात। बस अंग्रेजी में चिल्ला रहा था। जब गुस्से में होता था या दो पैग लगाए होता था तो हिन्दी में बात नहीं करता था। खुद-ब-खुद अंग्रेजी उसकी जुबाँ पर आ जाती है...

''ऑल गो टु हेल! आई विल थ्रो ऑल यू इन दिस इन्दिरा विहार नलवा...लुक माई पीठवा...कम्पलीट रेड! एंड दिस इज बिकाउज ऑफ दिस रावना सन! ही इज मेघनाथ, ही इज कुम्भकर्णा!''

बूढ़े-बुजुर्ग श्रद्धालु दर्शक अचरज में पड़ गए—''हनुमान जी इंग्लिश बोल रहे हैं! सचमुच कलयुग आ गया है! घोर कलयुग!''

''अरे, हनुमान जी की इंग्लिश तो सुनो। अरे, हनुमान जी बिहार के किस कॉन्वेंट में पढ़ाई किए हैं?'' कुछ लड़कों ने पीछे से शोर मचाया।

''आई टीच दिस इडियट! ही इज रावना, ही इज मेघनाथ, ही इज कुम्भकर्ण! आई वील किल हिम!'' गोपी कुछ नहीं सुन रहा था। बस धाराप्रवाह बिहारी अंग्रेजी! साथ में बच्चे की धुनाई...

बच्चा जोर-जोर से रो रहा था। हंगामा मच गया वहाँ। सरदार जी मंच पर आकर हनुमान जी से भिड़ गए। गोपी को अब सरदार जी में रावण नजर आने लगा था। एक गदा रसीद कर दी सरदार जी को लेकिन कागज की गदा सरदार जी को लगने से पहले ही टूट गई। सरदार जी जबरदस्त गुस्से में थे। उन्होंने गोपी को उठाकर मंच पर पटक दिया।

सीता समझ गई कि यहाँ पर 'क्राइसिस मैनेजमेंट' काम नहीं आनेवाला। मंच से कूदकर भागीं। रावण की धोती खुल गई थी। फ्रेंची में ही भागा! सीता के साथ लक्ष्मण ने खेल कर दिया। उसी के कॉलेज में पढ़ती थी। रामलीला से पहले प्रपोज भी किया था, लेकिन यह तो विभीषण पर मुग्ध थी। आज मौका मिला तो बचाने के बहाने हाथ साफ कर दिया। सीता जी सकपकाईं लेकिन समझ नहीं पाईं कि लक्ष्मण ने डांस में चांस मारा है या फिर वाकई वह रामलीला के रावणों से बचा रहा था।

बहुत दिनों बाद दोनों दिल खोलकर हँसे थे। संजय तो पेट पकड़कर हँस रहा था।

''ये साला गोपी! इन्दिरा विहार का नलवा...लुक माई पीठवा...कम्पलीट रेड...इस साले का कुछ नहीं हो सकता। अब आगे से पूँछ लगाने से पहले सौ बार सोचेगा। कोशिश करेगा कि बिना पूँछ वाला हनुमान जी बन जाएँ! तुम देख लेना।''

रूम पर अब्दुल ने मजे लेने की कोशिश की—

''यार, गोपी, तू वाकई हनुमान जी का रोल काफी अच्छी तरह निभाता है। तुझे देखकर लग रहा था कि हनुमान जी तेरे अन्दर आ गए थे। तू ऐसा कर, तू भी हनुमान जी की तरह जिन्दगी भर के लिए ब्रह्मचारी बन जा। एक लड़की फ्री हो जाएगी। मेरे जैसे किसी लड़के का कल्याण हो जाएगा।''

''साले, तू क्या कर पाएगा किसी लड़की के साथ। हथियार तो तेरा पहले से घायल है!''

''अबे, पता है न! घायल शेर ज्यादा खतरनाक होता है।''

''हाँ बेटे, मुझे तो सब पता है, लेकिन लगता है तू भूल गया कि पहली बार हथियार चलाते समय कैसे चिल्लाया था तू। पूजा तेरी चीख सुनकर अपना दर्द भूल गई थी। लानत है तुम पर साले!''

दोनों हँस पड़े। दोनों एक-दूसरे के जिगरी दोस्त। एक-दूसरे की हर एक छोटी-बड़ी बात के साझेदार।

''लेकिन यार अब्दुल, जिस समय तेरा काटा जा रहा था, तुझे दर्द नहीं हुआ था?''

''कहाँ यार, कुछ पता ही नहीं चला। फूफी गोद में लेकर मुझे चाँद दिखा रही थी—अब्दुल, मोरे अब्दुल मुन्ना, ऊपर चाँद देख। मैं छोटा बच्चा,

ऊपर चाँद देखने लगा और इसी बीच नीचे चाँद के चुनमुन पर चाकू चल गया!'' ठहाका लगाया अब्दुल ने। ठहाके में पूरा साथ दिया गोपी ने।

''लेकिन अब तो पूजा संग नहीं चिल्लाता है न।'' गोपी ने छेड़ा अब्दुल को, लेकिन अब्दुल अचानक सीरियस हो गया।

''नहीं यार, अब तो वह सब कहाँ होता है। हम दोनों शादी के लिए सोच रहे हैं, लेकिन समझ में नहीं आता है कि कैसे क्या होगा? वो हिन्दू, मैं मुसलमान!''

''साले, 'लव जिहाद' करेगा, मस्जिद बनाने का काम करेगा तो बवाल तो होगा ही!''

''तो तू बोल बेटे, मन्दिर बनाने का पुण्य कमाना है तो मैं इन्तजाम करूँ। बड़े भाई की साली है। बोल, शादी करा दूँ? मन्दिर बनाने का पुण्य मिल जाएगा तुझे।''

अधर्म के इस मन्दिर-मस्जिद के बारे में दोनों को दिल्ली आकर पता चला था। दोनों को खबर मिली थी कुछ कट्टरपन्थी मुस्लिम संगठन लड़कों को बरगलाते हैं कि हिन्दू लड़की से शादी करके धर्म-परिवर्तन करा दो तो उतना ही असर होगा, जितना एक मस्जिद बनाने में होता है। इसी तरह कुछ कट्टर हिन्दू संगठन लड़कों को बरगलाते हैं कि मुस्लिम लड़की को हिन्दू बना दो तो मन्दिर बनाने जैसा पुण्य मिलता है।

''ये साले...अपनी माँ-बहन के साथ ये काम क्यों नहीं करते हैं? सालों को सीधे बहिश्त-स्वर्ग जाने भर का पुण्य मिल जाता।''

''छोड़ यार, बजबजाते हुए कीड़ों को गाली देकर अपना मुँह क्यों खराब कर रहा है! अपना काम कर, लालबत्ती निकाल। लालबत्ती रहेगी तो किसी को कोई प्रॉब्लम नहीं होगा।''

''सही कह रहा है तू। ये सब प्रॉब्लम मिडिल क्लास में ही है। हिन्दू करीना और मुस्लिम सैफ या हिन्दू ऋतिक और मुस्लिम सुजैन शादी करें तो शानदार मोहब्बत की दास्ताँ, लेकिन आम आदमी इस तरह की शादी कर ले तो सारे धर्म और राजनीति के ठेकेदार मैदान में कूद पड़ते हैं।''

''इसीलिए तो कह रहा हूँ, लालबत्ती निकाल। तेरी शादी में कोई प्रॉब्लम नहीं होगी और अगर हुई भी तो गोपी द ग्रेट है न। अपने इतने सारे दोस्त हैं। सब सँभाल लेंगे साले, फिकर नॉट! रिलैक्स...और इसी बात पर निकाल बूढ़े शैतान को।''

मस्त थे दोनों। एक-दूसरे पर जान छिड़कते थे, लेकिन शुरू में दोनों के रिश्ते ऐसे नहीं थे। संयोग से रूम पार्टनर बन गए थे दोनों। गोपी कटिहार के हनुमान मन्दिर के पुजारी का बेटा था तो अब्दुल किशनगंज के बड़े मस्जिद

के इमाम का बेटा। प्रॉपर्टी डीलर ने दोनों को एक ही रूम में टिका दिया और दोनों से एक-एक महीने का कमीशन लेकर दारू की बोतल खोलकर बैठ गया।

"बहुत दिन बाद दो शरीफ मुर्गे मिले हैं। इसी तरह रोज मिलते रहे तो एक बोतल की बजाय पेटी खरीदकर रख लूँ।"

अब्दुल और गोपी दोनों घोर कर्मकांडी। पढ़ने से ज्यादा इबादत और पूजा पर जोर। एग्जाम में पास कराने का जिम्मा ऊपरवाले के सिर। शुरू में दोनों धार्मिक मुद्दों पर बात करने से बचते थे। किसी तरह एडजस्ट किए हुए थे लेकिन फिर भी एक बार तकरार हो ही गया था। अखबार खोलकर बैठा था गोपी।

"देखो, पाकिस्तान में कितनी आसानी से मन्दिर तोड़ दिया और भारत में उसकी आवाज भी नहीं सुनाई पड़ी। यहाँ भारत में बाबरी मस्जिद टूटी तो लगा कि पूरी दुनिया के मुसलमानों के घर टूट गए।"

"गलत तो हुआ ही है।" अब्दुल ने अपनी राय रखी।

"क्या गलत हुआ है? बाबर कौन था? बाहर से आया एक विदेशी आक्रमणकारी और भगवान राम यहीं के। कितनी श्रद्धा से हिन्दुओं ने उनके जन्मस्थान पर मन्दिर बनाया था, लेकिन कमीने बाबर ने उसे तोड़ दिया।"

"तुम तो ऐसे कह रहे हो जैसे भगवान राम तुम्हारे सामने पैदा हुए थे और जब उनका मन्दिर बन रहा था, तब तुम्हीं ईंट ढो रहे थे और जब बाबर मन्दिर तोड़ रहा था, तब तुम जान बचाकर भागते हुए भी मन्दिर को टूटते देख रहे थे।" स्वर तेज हो उठा अब्दुल का।

"देख अब्दुल, ज्यादा हिस्टरी मत छाँट। सच सुनकर मिर्ची क्यों लग गई।" गोपी तैश में आ चुका था।

"छाँटूँ तो क्या कर लेगा तू?" अब्दुल भी भड़क गया।

संयोग से श्याम भैया पहुँचे थे उस वक्त। अपने दो दोस्तों के साथ मूवी जाने के लिए टिकट लिया था, लेकिन दोनों आ नहीं पाए। श्याम भैया गोपी और अब्दुल को मूवी दिखाने के लिए ले जाने आए थे, लेकिन यहाँ तो अलग मूवी चल रही थी!

"यूपीएससी में आनेवाला है राम मन्दिर का मुद्दा? यूपीएससी में पूछा जाएगा क्या राम मन्दिर का इतिहास-भूगोल?"

दोनों खामोश।

"बोलते क्यों नहीं हो, जाहिलो?" श्याम भैया जबरदस्त गुस्से में थे। "इंटरव्यू बोर्ड में पूछा जाएगा तुमसे कि सर, बताइए, इस समस्या का समाधान क्या हो सकता है?"

दोनों की जुबान पर ताला जड़ चुका था। दिल से सम्मान करते थे वे श्याम भैया का। उन्हें पहले से पता था कि यूपीएससी में इस तरह के सेंसेटिव सवाल नहीं पूछे जाते हैं और अगर पूछे भी गए तो जवाब वही देना है जो कानून और संविधान की नजर में जायज है। अपनी तरफ से एक भी शब्द नहीं।

चाय की गर्मी पाकर श्याम भैया का गुस्सा थोड़ा शान्त हुआ। अब समझाने के मूड में थे वे।

"देखो, तुम दोनों घर छोड़कर यहाँ आए हो कुछ बनने। अगर यही सब कुछ करना है तो वापस घर जाओ। वहीं नेतागीरी करो, लेकिन तुममें तो इतना भी टैलेंट नहीं है कि पॉलिटिक्स का पेंच समझ सको।"

दोनों खामोशी से उनकी बात सुन रहे थे।

"एक बात अच्छी तरह समझ लो। यूपीएससी निकालना ज्यादा आसान है, नेता बनना बहुत मुश्किल। बहुत टैलेंट चाहिए नेता बनने के लिए। यही आरक्षण वाले मुद्दे पर बवाल हुआ था न! दोनों साइड के 'समझदार' नेता दूसरी तरफ के किसी 'समझदार' आदमी को पकड़ते थे। उसे खिलाते-पिलाते थे, मोटा माल भी देते थे कि तुम बवाल कराओ। उन्हें पता था कि विपक्षी जितना बवाल करेंगे, उतना ही उन्हें राजनीतिक फायदा होगा।"

गोपी और अब्दुल हैरत से उनकी बात सुन रहे थे।

"यही सब कुछ होता है इस तरह के सेंसेटिव इश्यू में। तुम जैसे इमोशनल लोगों की फिलिंग्स को बहुत समझदारी से नेता लोग कैश करा ले जाते हैं और जब तक तुम उनके गेम को समझोगे तब तक दोनों साइड के समझदार आदमी नेता बन चुके होते हैं। कास्ट और रिलीजन के नाम पर पॉलिटिक्स करनेवाले यही सब कुछ करते हैं। सामने एक-दूसरे के खिलाफ जहर उगलते हैं और परदे के पीछे से एक दूसरे को बढ़ावा देते रहते हैं। इसी पॉलिसी पर चलकर वे कामयाब हो जाते हैं। दो-चार लालबत्ती लगी गाड़ियाँ उनके आगे-पीछे दौड़ती रहती हैं।"

हॉल में आकर इन राजनीतिक दाँवपेचों से मुक्ति मिली। श्याम भैया अब पूरी तरह शान्त थे। संगमरमर से तराशा शफ्फाक बदन सामने था। संगीत की सुर लहरियों पर जब अदा से पैर उठ रहे थे तो दिल पर मीठी चोट लग रही थी। अपनी महबूबा का अक्श उभर रहा था परदे पर। यही तो जिन्दगी है! अच्छा घर, अच्छी नौकरी, महबूबा का साथ, सच्चे यार-दोस्त, इतनी ताकत कि किसी के लिए कुछ कर सकें और कोई दाएँ-बाएँ करे तो उसको उसकी औकात बता सकें—और क्या चाहिए जिन्दगी में!

"इतिहास में जीनेवाले लोग जिन्दा ही इतिहास बन जाते हैं, लेकिन इतिहास से सबक जरूर लेना चाहिए ताकि जो गलती इतिहास में हुई

है वही गलती फिर रिपीट ना हो।'' अब्बू की कही बात याद आई अब्दुल को।

राहुल को किताबें छोड़कर कुछ और देखने-सुनने की फुर्सत नहीं थी। मेन्स की तैयारी में पसीना आ रहा था। इतनी सारी किताबें, इतने सारे नोट्स! इतने सारे टॉपिक!

''शुरू में सेलेक्टिव स्टडी करने पर रिस्क बहुत हो जाता है। इसीलिए एक बार सारे टॉपिक जरूर देख जाओ।'' श्याम भैया के गाइडेंस पर चल रहे थे राहुल और संजय। काफी मदद मिल रही थी।

शालू के तीन-चार मेल आ चुके थे। बस एक का जवाब दिया था उसने। थोड़ा परेशान लग रही थी वह। पूछा था कि क्या बात है? शालू ने जवाब नहीं दिया था। बस गोल-गोल बातें!

''ये शालू की बच्ची साफ-साफ बात नहीं कर सकती है। खुद भी कन्फ्यूज रहती है, मुझे भी करती है।'' गुस्सा आ रहा था राहुल को, लेकिन कुछ कहने-सुनने का समय नहीं था। अगले हफ्ते से मेन्स के पेपर शुरू हो रहे हैं। गैप भी बहुत कम मिला है इस बार।

''यार, अगर इस बार यूपीएससी क्रैक हो जाए तो...''

''तो दोस्त, अपनी शालू के साथ सात फेरे लेकर हनीमून में बिजी...और तू अपनी बता?''

'' आई टॉनिक से कुछ आगे बढ़ाऊँगा मामला। बाद में कहीं ये नहीं कहना पड़े कि जब मुँह में दाँत थे तो अमरूद नहीं मिला और जब अमरूद मिला तो दाँत नदारद मिले!''

''आजकल बहुत दिनों से नजर नहीं आया है लाला। कुछ समझ में ही नहीं आता है? जिन्न की तरह प्रगट होता है और फिर शैतान की तरह गायब! महीनों गायब रहता है। कोई खोज-खबर नहीं!''

''जानबूझकर नहीं आता होगा। उसे पता है कि हम मेन्स में बिजी हैं।''

''हाँ यार, इन बातों का खास खयाल रखता है वह, लेकिन पता नहीं क्यों अपनी जिन्दगी को वह यों बर्बाद कर रहा है?''

''इश्क-मोहब्बत...बड़ी जालिम चीज होती है, दोस्त! मिल जाए तो जिन्दगी सँवर जाती है, बिछड़ जाए तो आग लगा जाती है जिन्दगी में। तू अभी नहीं समझ पाएगा। तेरी मोहब्बत तेरे साथ है, उसकी मोहब्बत किसी और की बाँहों में जा चुकी है। उसके बाप की बदौलत। अब ये इस गिल्ट कॉन्सस में फँसा हुआ है कि इसने खुद अपनी लव लाइफ तबाह कर दी। इसे

अब खयाल आ रहा है कि उस वक्त इसे अपने पापा के सामने सिर उठाना था। दुआ कर कि मोहब्बत के भँवर में डगमगाती उसकी जिन्दगी की किश्ती को कोई पकड़कर किनारे लगा दे। वरना...अरे, कोई जिम्मेदारी भी तो नहीं है उसके ऊपर। बस, एक माँ के बारे में सोचता है वह।''

राहुल सिहर उठा संजय की बात सुनकर। शालू से बिछुड़ने का खयाल आते ही दिल बैठने लगता था। ''नहीं, पहले यूपीएससी निकालूँगा। फिर उसके जालिम पिता से हाथ माँगने जाऊँगा।''

''एकदम ठीक सोचता है तू। लालबत्ती वाले लड़के को बेटी सौंपने में जरा भी परेशानी नहीं होगी उन्हें, लेकिन यूपीएससी फेलियर को! पता है मेरी गर्लफ्रेंड के फादर ने क्या कहा था?''

श्याम भैया के साथ बैठकर पी रहे थे सब। वे अब थोड़े इमोशनल हो रहे थे। ''देखो श्याम, मेरी बेटी एक्साइज कमिश्नर और तुम कोचिंग चलानेवाले। तुम्हीं सोचो, कैसा अजीब रिश्ता होगा। और जब तक मेरा चांस खत्म नहीं हुआ था तब तक वही मुझे अपना बेटा कहते थे। पहली बार इंटरव्यू देने गया था तो अपनी गाड़ी में बिठाकर ले गए थे वे मुझे। दिन भर सेंटर के बाहर इन्तजार करते रहे थे।''

पहली बार श्याम भैया की आँखों में नमी देखी थी राहुल ने।

''इसी श्याम भैया के बनाए नोट्स पढ़कर एक्साइज कमिश्नर बनी थी वह, लेकिन जब बन गई तो बाप सब कुछ हो गया। श्याम भैया बस अच्छे दोस्त! —'शामू, वी आर ऑलवेज गुड फ्रेंड्स!' ''

संजय के चेहरे पर कड़वाहट फैल गई। वैसे वह आजकल के लव रिलेशन का खूब मजाक उड़ाता था। कहता था, ''दोस्त ये लव रिलेशन नहीं, गिव एंड टेक का रिलेशन है। एक हाथ ले, दूसरे हाथ दे। सच्ची मोहब्बत तो बस बचपन में होती है, जब बच्चे दुनियादारी के दाँवपेच से अनजान होते हैं।

दोनों का मेन्स नहीं निकला। राहुल का आठ नम्बर से छूटा था। संजय का सत्रह नम्बर से। चेहरे पर हल्की-सी मायूसी थी, लेकिन श्याम भैया बहुत खुश थे।

''अबे, अगली बार तुम दोनों को कोई नहीं रोक पाएगा। पहली बार में इतने अच्छे मार्क्स! ज्यादा मुँह मत फैलाओ। बस घर से घूम आओ और लग जाओ अगली बार के लिए।''

राहुल उतावला था घर जाने के लिए। सबसे मुलाकात होगी। माँ-पिताजी, छुटकी, भैया-भाभी, गोलू-मोलू, सब यार-दोस्त और...शालू। कितने

दिनों बाद देखूँगा शालू को? अँगुलियों पर दिन गिनने लगा राहुल। एग्जाम में मैथ्स के बड़े-बड़े सवाल यों ही सॉल्व कर लेता था, लेकिन शालू के मामले में अँगुलियों पर दिन गिनना पड़ा। वो भी चार बार!

कटिहार में बुरा फँसा राहुल। शालू ने प्लान बनाया था कि वह प्रकाश टॉकीज में सबसे पीछे बने बॉक्स का टिकट लेकर पहले से बैठी रहेगी। राहुल को मूवी शुरू होने के आधे घंटे बाद आना था। छोटे शहर में पहचाने जाने का खतरा होता है। राहुल ठीक आधे घंटे बाद सबसे बचते-बचाते बॉक्स में दाखिल हुआ। वैसे भी हॉल के अँधेरे में सब मूवी देखने में मशगूल थे। थोड़ा रिलैक्स था वह।

बॉक्स में जाते ही राहुल ने शालू को बाँहों में भर लिया। इतने दिनों बाद मिली है। पहले दाएँ गाल पर पप्पी, फिर बाएँ गाल पर। लेकिन ये शालू क्या कर रही है? इतना कसमसा क्यों रही है? चिल्लाई तो आवाज बदली-बदली लगी। बॉक्स में किसी लड़की की आवाज सुनकर सबकी नजरें पीछे घूम गईं। राहुल शालू की छोटी बहन की आवाज पहचानता था। बॉक्स से कूदकर बाहर की ओर भागा। पब्लिक जब तक ठीक से माजरा समझ पाती, तब तक वह हॉल के गेट पर पहुँच चुका था, लेकिन निकलते-निकलते दो-चार जूते पड़ चुके थे। गनीमत यही रही कि किसी ने पहचाना नहीं।

संजय और सुजीत पूरा माजरा सुनकर पेट पकड़कर हँस रहे थे।

"शालू की बहन के बाद अब अगली बार उस गैंडे की बीवी को लपेटे में लेना! पहले शालू, फिर साली और सलहज अपने नम्बर के इन्तजार में दुबली हो रही हैं! क्या किस्मत पाई है दोस्त तूने?"

बाद में शालू ने बताया था किस्मत के खेल के बारे में। उसने फोन करके बॉक्स का टिकट मँगाया था। हॉल के डिलीवरी ब्वॉय ने टिकट लाकर उसकी छोटी बहन को थमा दिया। वह कई दिनों से टिकट मँगाने के लिए भैया से कह रही थी। उसे लगा कि भैया ने मँगवाया होगा। उसने शालू से भी मूवी चलने के लिए कहा था लेकिन शालू तो उस दिन सिनेमा का नाम भी नहीं लेना चाहती थी। उसे ट्यूशन का बहाना करके आना था। टिकट ना मिलने पर शालू ने जब दोबारा हॉल में फोन किया तो वहाँ से जवाब मिला कि बॉक्स पहले से फुल हो चुका है। राहुल का दिल्ली वाला मोबाइल ऑफ था उस दिन। लिहाजा वह उसे इन्फॉर्म तक नहीं कर पाई।

दूसरी बार पीटी निकालने में जरा भी मुश्किल नहीं हुई दोनों को। ऑप्शनल में 100 से ज्यादा का स्कोर था। जीएस में जब स्कोर 115 क्रॉस कर गया तो संजय ने दोनों के पेपर उठाकर ऊपर रैक पर फेंक दिए।

''बकवास बन्द कर और बोतल निकाल। झूठ-मूठ का टाइम वेस्ट कर रहा है। इस बार टाइम किसी चीज में बर्बाद नहीं करना है। दारू भी फिल्मी स्टाइल में पी।''

अगले दिन से मेन्स की तैयारी में जुट गए थे दोनों। ऑनशर लिखने के बाद श्याम भैया के साथ रोज डिस्कस करते थे।

''टू द प्वाइंट लिखा करो। लफ्फाजी बिलकुल नहीं। सीधे मुद्दे की बात करो। जो सवाल पूछा गया है, बस उसी का जवाब दो। अपनी तरफ से ज्ञान देने की कोशिश मत करो। एग्जामिनर तुमसे ज्यादा ज्ञानी बैठा है। उसे तुम ज्ञान दोगे तो वह नाराज हो सकता है। टू द प्वाइंट बात करोगे तो बात बन सकती है।''

श्याम भैया की बातों को गाँठ में बाँधकर रखता था राहुल। संजय अपने अन्दाज में उनकी बातों पर गौर फरमाता था।

''और ये साला हनुमानभक्त गोपी! कभी टू द प्वाइंट बात नहीं करता है। एक बार इसकी मकान मालकिन की बेटी इसके रूम पर आई थी। उसके माँ-पापा कहीं बाहर गए हुए थे। बारिश में उसका भीगा तन-बदन! सुलगता मन! *आजा मोहे प्यार कर* रिंगटोन है उसके मोबाइल का और ये साला गोपी बस लफ्फाजी करता रह गया। वो 'टू द प्वाइंट' के मूड में थी, लेकिन इस साले के दिलो-दिमाग में तो सीता मैया समाई हुई हैं। अन्त में इसके लाल लँगोट से पसीना पोंछती गई बेचारी। ये साला हनुमान जी की तरह मुँह फुलाए बैठा रह गया!''

संजय और राहुल के ठहाके रूम में गूँज रहे थे। गोपी की आधी खबर इधर-उधर से जुटाता था संजय, आधी की कहानी बना देता था। नॉनवेज जोक का उस्ताद! गोपी कटकर रह जाता था। कभी-कभी भड़क भी जाता था, लेकिन हर बार संजय मना लेता था उसे।

मजे लेने का कोई मौका हाथ से नहीं जाने देता संजय। मौका मिला नहीं कि बातचीत के बीच में लड़की को घसीट लाएगा। बोलेगा कि ''यार ऊपरवाले ने कितनी मेहनत से इन हसीनाओं को बनाया है। और ये भी खुद को सजाने-सँवाराने में कितनी मेहनत करती हैं। कुछ तो इनकी मेहनत का खयाल करो।''

खुराफाती भी बहुत था संजय। दिमाग बहुत तेज चलता था उसका। उस दिन इमरान रूम पर आया तो उसका चेहरा उतरा हुआ था। संजय के दोस्त

का छोटा भाई है इमरान। ग्रेजुएशन (फर्स्ट ईयर) में एडमिशन लिया था। बैन के बावजूद पहले ही दिन सीनियरों ने रैगिंग ले ली थी। अन्दर से उबल रहा था वह, लेकिन करे तो क्या करे?

"कुछ मत करो। उनको उन्हीं के अन्दाज में जवाब दो। क्या किया है उन लोगों ने तुम्हारे साथ?" संजय ने रैगिंग की बात सुनने के बाद पूछा।

इमरान बताने लगा अपनी दुर्दशा, "खुलेआम पैंट उतरवा दी सालों ने। डांस कराया सो अलग, वो भी लड़कियों के सामने!"

"ठीक है, अब तू उनकी पैंट उतरवा लड़कियों के सामने।"

"क्या, कैसे?" इमरान का मुँह खुला रह गया, "भैया वो साले सीनियर हैं। पूरा गुट है उनका।"

"खोलेंगे बेटा। सभी अपनी पैंट खोलेंगे और खुद से खोलेंगे!"

संजय इमरान को पूरा प्लान समझाने लगा। राहुल भी हैरत में पड़ गया उसकी प्लानिंग सुनकर।

"लेकिन उन्हें पकड़ूँ कहाँ, भैया?" इमरान उत्साहित था।

"इसी 'पीएमसी चौक' पर। साले, सब इसी 'पीएमसी चौक' पर अपनी गर्लफ्रेंड के साथ तफरीह करते हैं।"

"पीएमसी चौक!" चौंका इमरान।

"अबे, 'पिया मिलन चौक'। ये इन्दिरा विहार के सामने वाला चौक... गर्ल्स हॉस्टल के साथ वाला चौक। डीयू के सारे मजनूँओं का मक्का मदीना है ये चौक!"

तीसरे दिन बदला लेने का मौका मिला इमरान को। सुबह-सुबह रैगिंग करनेवाला एक सीनियर पीएमसी चौक पर अपनी गर्लफ्रेंड के साथ खड़ा था।

"सर, मॉर्निंग..."

"मॉर्निंग, मार्निंग...क्या हाल है? क्या नाम बताया था तुमने?"

"सर, इमरान..."

"हाँ, इमरान, बताओ। कोई प्रॉब्लम तो नहीं है? कोई प्रॉब्लम हो तो बेहिचक बताना। मैं हूँ ना।"

अपनी गर्लफ्रेंड को इम्प्रेस कर रहा था वो। जूनियर ने कितने सम्मान से मॉर्निंग कहा है! अच्छा इम्प्रेशन पड़ा होगा नेहा पर।

"सर, एक बड़ी प्रॉब्लम में फँस गया हूँ..."

"क्यों, क्या हुआ?"

"सर, गर्लफ्रेंड को मूवी दिखाना है।"

''तो इसमें प्रॉब्लम क्या है ?''

''जेब में पैसे नहीं हैं, सर।''

''क्या!'' सीनियर का मुँह खुला रह गया। उसकी गर्लफ्रेंड नेहा भी हैरान रह गई।

''हाँ सर, गर्लफ्रेंड को मूवी देखने के लिए बुलाया है, लेकिन टिकट कटाने के लिए पैसे नहीं हैं। आप दे दें तो गर्लफ्रेंड के सामने इज्जत बच जाए।''

सीनियर अजीब मुसीबत में। गर्लफ्रेंड साथ खड़ी है। क्या करे इस बेशर्म का ? सीनियर से पैसे लेकर गर्लफ्रेंड को इम्प्रेस कर रहा है कमीना! किलसते हुए उसने पर्स निकाला। 100 के दो नोट थमाए।

''थैंक्यू सर,'' इमरान ने फिर सलाम ठोंका, ''लेकिन सर, पॉपकार्न और कोल्ड ड्रिंक्स के पैसे ?''

''क्या ?'' बेचारा सीनियर हक्का-बक्का रह गया। ''साला मूवी के बाद पॉपकार्न और कोल्ड ड्रिंक्स के पैसे माँग रहा है!''

''हाँ सर, अब तो आप आजकल की लड़कियों को जानते ही हो। गला इतना नाजुक होता है कि पॉपकार्न भी कोल्ड ड्रिंक्स के साथ निगलना पड़ता है!''

नेहा हँस पड़ी। उधर इमरान पूरी गम्भीरता से अपनी प्रॉब्लम सॉल्व करने में जुटा था।

''और सर, आपको तो पता ही होगा कि लड़कों को मूवी देखने से ज्यादा मजा गर्लफ्रेंड की गोद में पड़ा पॉपकार्न चुनने में आता है। आपने कभी चुना है कि नहीं ?''

''तुम...''

''अरे सर, प्लीज नाराज मत होइए। नहीं चुने हैं तो कोई बात नहीं। आज ट्राई करके देखिएगा। बहुत मजा आएगा। कई लड़के तो मूवी खत्म होने के बाद भी पॉपकॉर्न चुनने की फिराक में होते हैं! क्यों, सही कह रहा हूँ न मैं ?'' इमरान नेहा की तरफ देखकर बोला।

नेहा हँस रही थी। मजा आ रहा था उसे इस एपिसोड में। लड़के की बात में तो दम है।

''चलो, दे दो बेचारे को, बात तो सही कह रहा है।'' नेहा ने इमरान की पैरवी की।

सीनियर ने किलसते हुए फिर 100 का नोट निकाला। इमरान ने जल्दी से पर्स में पैसे रखकर लम्बा सलाम ठोका।

''सर, थैंक्यू! आप वाकई बहुत अच्छे हैं!''

''ठीक है, ठीक है, चल अब पतली गली से निकल ले।'' सीनियर अन्दर से उबल रहा था। साले ने खड़े-खड़े तीन सौ की चोट दे दी!

''लेकिन सर, सिनेमा के बाद डिनर का प्लान तो बनता ही है।''

''साले, बहुत मारूँगा...'' सीनियर अचानक हत्थे से उखड़ गया।

''मार लो सर, जितना चाहे मार लो, लेकिन डिनर के पैसे भी दे दो।''

''अबे, क्या बकवास कर रहा है तू? क्या समझ रखा है तूने मुझे? चल जल्दी से फूट ले, वरना फिर पैंट उतरवा दूँगा।''

''आप क्या उतारोगे सर, लो मैं खुद उतार देता हूँ...''

इमरान का हाथ बेल्ट पर गया तो सीनियर गड़बड़ा गया। 'क्या चाहता है ये साला?'

''अबे, क्या कर रहा है तू? देखता नहीं है, मेरी गर्लफ्रेंड साथ है!''

''तो क्या हुआ? कोई इंच टेप लेकर थोड़े आई है! आप टेंशन मत लो, सर! शर्मिन्दा नहीं होना पड़ेगा आपको!''

हँस पड़ी उसकी गर्लफ्रेंड।

''अबे हरामी...साले, बहुत पीटूँगा।''

''पीट लो सर, जितना चाहे पीट लो, लेकिन अब तो मैं पैंट खोलकर ही रहूँगा।'' इमरान ने बेल्ट खोल दिया था। पैंट की हुक पर हाथ था उसका।

''अबे, रुक बाप...रुक बाप! ले, डिनर के 200 रुपए भी ले। देख, अब मेरा पर्स खाली हो चुका है। अब तो जान छोड़ दे।''

''छोड़ दूँगा सर। जरूर छोड़ दूँगा। बस, पेट्रोल के पैसे दे दो। रात में मेट्रो मिलेगी नहीं। गर्लफ्रेंड को उसके घर भी छोड़ना होगा। टंकी खाली है सर, आपकी कसम, झूठ नहीं बोल रहा हूँ मैं।''

''अब कहाँ से दूँ? तूने देखा न मेरा पर्स खाली हो चुका है।''

''वो आपकी प्रॉब्लम है, सर। मेरी प्रॉब्लम तो बस ये है कि गर्लफ्रेंड के सामने इम्प्रेशन खराब न हो।''

''और साले, मेरी गर्लफ्रेंड के सामने मेरी इज्जत का फलूदा निकाल रहा है तू।'' सीनियर रुआँसा हो गया था।

''अरे नहीं सर, आपकी तो मैं इज्जत बढ़ा रहा हूँ। कितने अच्छे सीनियर हैं आप! जूनियर की पैंट उतारते हैं तो क्या हुआ? गर्लफ्रेंड के सामने उसकी इज्जत का पूरा खयाल रखते हैं।''

''अच्छा, सॉरी यार, चल, आगे से कभी ऐसा नहीं करूँगा...'' सीनियर ने समझौता करना चाहा।

''करो या ना करो, क्या फर्क पड़ता है? मेरी तो इज्जत लूट ही ली न आपने! खैर छोड़िए, इन बातों में क्या रखा है? जल्दी पैसे निकालिए। वरना...''

इस बार पैंट की हुक भी खोल दी थी इमरान ने। लाल जाँघिए पर नेहा के साथ-साथ सीनियर की भी नजर पड़ी। उसने घबराकर आसपास देखा। पीएमसी चौक पर हर वक्त कई जोड़े मौजूद रहते हैं। इस वक्त भी थे और वे सब गौर से उन्हीं की तरफ देख रहे थे। रैगिंग करनेवाला सीनियर गिड़गिड़ाने लगा।

"अबे, रुक, साले रुक! माफ कर दे, माफ कर दे। आगे से कभी पंगा नहीं लूँगा तुझसे। बस, इस बार माफ कर दे..." सीनियर ने हाथ जोड़ दिए इमरान के सामने।

"सर, प्लीज, आप माफी माँगकर मुझे शर्मिन्दा मत करो। मुझे तो बस पैसे दे दो।"

"कहाँ से दूँ? तूने तो देख ही लिया, पर्स खाली हो चुका है।"

"तो क्या हुआ? एटीएम-क्रेडिट कार्ड तो होगा ही।"

"एटीएम खाली है और क्रेडिट कार्ड का पिछला बिल नहीं चुकाया है।"

"क्या बात है सर, एकदम कड़के हो क्या? जब जेब में धनिया नहीं है तो फिर गर्लफ्रेंड क्यों घुमा रहे हो? अच्छा, चलिए घड़ी ही सही, पुरानी है तो क्या हुआ? पेट्रोल डलवाने के काम आ जाएगी।"

सिर पकड़ लिया सीनियर ने। घड़ी लेने के बाद भी नहीं टला था इमरान। थोड़ी देर बाद हालत ये हो गई कि सीनियर अपनी पैंट खोलकर देने लगा था उसे।

"ले लो साले, अब तो दिल भर गया तुम्हारा। मेरी भी इज्जत लूट लो। अब तो कलेजा ठंडा हो गया तुम्हारा।"

बावला हो गया था वह। हँसते हुए इमरान हिला वहाँ से। नेहा भी उसे उसकी हालत पर छोड़कर हँसते हुए अपने गर्ल्स हॉस्टल चली गई। रामजस कॉलेज में जिसने भी सुना, दंग रह गया। कॉलेज के इतिहास में पहली बार किसी जूनियर ने किसी सीनियर की पैंट खुलवा दी थी। शाम को इमरान गुरु-दक्षिणा लेकर संजय के पास पहुँचा था। सीनियर से वसूले पैसे से जबरदस्त पार्टी दी उसने। वही लिट्टी-चोखा, साथ में बूढ़े साधु का आशीर्वाद।

रिजल्ट निकलने के दिन सब दोस्त रूम पर जमा थे। गोपी हनुमान जी के मन्दिर गया था। सबको प्रसाद दे रहा था। राहुल और संजय का रोल नम्बर हर किसी की जुबाँ पर था। और ये रहा, संजय का रोल नंबर 3570!

तेज शोर से श्याम भैया का रूम गूँज उठा था। अब्दुल ने संजय को गोद में उठा लिया।

"और राहुल का...ठीक से देखो...ठीक से देखो..." सब चिल्ला रहे थे। राहुल का दिल बैठ रहा था।

"हाँ, यहाँ से 700 का सीरीज शुरू हुआ...ये रहा...7960—राहुल का नम्बर!"

संजय ने राहुल को उठाकर पटक दिया। सारे दोस्त राहुल और संजय के ऊपर। फिर शुरू हुआ बधाई देने का फेमस 'एनआरबी स्टाइल'। दो लड़कों ने हाथ पकड़ा, दो ने पैर और हवा में हिलते राहुल और संजय के पिछवाड़े में दे लात! पैरों की जबरदस्त ठोकर! गोपी पर उसके हनुमान जी सवार हो चुके थे! उछल-उछलकर दोनों को मार रहा था। संजय पर कुछ ज्यादा ही मेहरबान था। बाद में जब सब गले मिल रहे थे तो राहुल और संजय का हाथ उनके अपने पीछे ही था। "सालों ने जिन्दगी भर का बदला चुका लिया, लेकिन पहली बार पता चला कि इस दर्द में भी मजा आता है!"

पिता ने 50 हजार रुपए का कर्ज लिया था। गाँव के महाजन ने भी आनाकानी नहीं की।

"इंटरव्यू की कोचिंग जरूर करो, मॉक इंटरव्यू से कॉन्फिडेंस आ जाता है।"

राहुल ने भी ज्यादा आनाकानी नहीं की। आज की पढ़ाई-लिखाई, सब पैसे का खेल। जितना घी डालो, दाल उतना ही स्वादिष्ट! एक बार क्लिक कर जाए तो सब मुसीबत दूर।

शालू मजे लेती थी।

"डीएम साहब! दासी को भूल मत जाना। अब शादी क्या करोगे? अपने बंगले की साफ-सफाई के लिए ही रख लेना।"

माँ को जितने भी मन्दिर तीर्थस्थान की जानकारी थी, सबकी मनौती माँग ली। भाभी बता रही थी कि शादी के लिए किसी एमपी ने फोन किया था। कहा था कि फाइनल रिजल्ट के बाद फिर फोन करूँगा। भैया के चेहरे पर बेचैनी भरी खामोशी देखी जा सकती थी।

लेकिन जब फाइनल रिजल्ट आया तो सबके चेहरे उतर गए। फाइनल लिस्ट में राहुल का नाम नहीं था। संजय का भी नहीं था। श्याम भैया के रूम पर सब जमा थे।

"मुझे डाउट हो रहा है राहुल कि शायद तुम्हारा जज्बाती जवाब बोर्ड को पसन्द नहीं आया।" श्याम भैया की राय थी।

बोर्ड के एक मेम्बर ने राहुल से पूछा था—''आप एसपी हो और शहर के किसी कोने में दंगा फैल गया है। फौज वहाँ आपके आदेश का इन्तजार कर रही है। आप वहाँ जा रहे हो। रास्ते में एक अकेला बच्चा रोता दिखता है। आप क्या करोगे?''

राहुल—''बच्चे को उसके घर भिजवाऊँगा।''

मेम्बर—''और मान लो, आप अकेले हो तब?''

राहुल सोच में पड़ गया था। एक अकेले रोते बच्चे को सड़क पर छोड़ने के लिए वह किसी कीमत पर तैयार नहीं था, लेकिन शायद बोर्ड मेम्बर की सोच कुछ और थी। अगर एसपी तुरन्त स्पॉट पर नहीं पहुँचता है तो न जाने कितने बच्चे घायल हो सकते हैं, मर भी सकते हैं। राहुल समझ रहा था उनकी बात, लेकिन अपने जज्बात पर काबू पाना नहीं सीखा था उसने। दिल के हाथों शुरू से मजबूर था वह।

संजय को लग रहा था कि उसकी कमजोर अंग्रेजी ने उसे लालबत्ती से दूर कर दिया है। इंटरव्यू के आखिर में एक मेम्बर ने मुस्कराते हुए कमेंट भी पास किया था—''मे बी यू पुट एक्सट्रा एफर्ट ऑन योर इंग्लिश!''

''यू आर राइट सर, आई नो, माई इंग्लिश इज नॉट सो गुड, बट आई ट्राइ टू इम्प्रूव इट...'' संजय ने छूटते ही जवाब दिया था। इसके बाद मेम्बर ने कहा कुछ नहीं था, लेकिन अब रिजल्ट के बाद संजय को लग रहा था कि उसी ने खेल कर दिया है।

''साला! सोच रहा था कि संजय शेक्सपियर जैसी अंग्रेजी बोले। अबे, उसे पता नहीं है कि पहली बार यहीं दिल्ली में एक लड़की से अंग्रेजी में बोला था तो वह घबराकर हिन्दी में बात करने लगी थी।''

रूम में बहुत देर बाद हँसी की आवाज सुनाई पड़ी।

''संजय सेंट बोचस स्कूल का प्रोडक्ट है! 'सेंट बोचस स्कूल' का! उसकी तरह हॉय मॉम, हॉय डैड, आई एम हेयर, लुक मी—कहते हुए पैदा नहीं हुआ था।'' संजय मेम्बर के ऊपर भड़का हुआ था।

अपने गाँव के प्राइमरी स्कूल को सेंट बोचस स्कूल बोलता था संजय। 'बोरा-चट्टी वाला स्कूल'! बताता था कि माँ किताब कॉपी के बक्से के साथ एक छोटा-सा बोरा भी देती थी। स्कूल में बैठने के लिए।

एक बार दिल्ली में एक हाई-फाई लड़की ने उसके स्कूल का नाम पूछ लिया था। कहानी बनाने में माहिर संजय ने तुरन्त अपने स्कूल का नाम 'सेंट बोचस पब्लिक स्कूल' बता दिया। ब से बोरा, च से चट्टी, पब्लिक स्कूल का टैग अपने आप जुड़ गया।

''अब यार, ये बड़े शहरों की लड़कियाँ! जब तक स्कूल के आगे सेंट,

माइकल, थॉमस और पीछे पब्लिक स्कूल नहीं जुड़े तो समझ ही नहीं पाएँगी कि ये स्कूल क्या बला है?''

वह हँसते हुए बताता था, एक बार गुरुजी ने टीचर की स्पेलिंग लिखने के लिए कहा था। उसने गुरुजी से पूछा था—''सर, पहले 'टी' का स्पेलिंग तो बताइए!''

सब उसकी बात सुनकर हँसते थे।

''गुरुजी ने हाथ पर पहले एक सीधा डंडा जमाया था। फिर एक डंडा ऊपर से। अपने डंडे के स्टाइल से टी का स्पेलिंग बता दिया था। उन्हें लगा था कि मैं शरारत कर रहा हूँ।''

''ऊपरवाले ने भी अपनी सूरत कैसी बनाई है कि सही बात भी कहता हूँ तो लोगों को लगता है कि शरारत कर रहा है। हाय रे, अपनी फूटी किस्मत!''

''टेंशन मत ले संजय, अब आगे से हर वीक एक इंग्लिश मूवी देखा कर। स्पोकन इंग्लिश इम्प्रूव करने में काफी मदद मिलती है।'' श्याम भैया ने दिलासा देना चाहा।

''देखते हैं, भैया। हर वीक एक क्या, किसी-किसी वीक तो दो-दो मूवी दिखा देते हैं ये साले गोपी और अब्दुल! लेकिन पता नहीं कैसी मूवी लाता है यह सब कि उसमें इंग्लिश के डॉयलाग के नाम पर बस—यस, यस! कम ऑन! ग्रेट! ओह नो और आखिर में ओ' माई गॉड के साथ द एंड! सब खल्लास!''

रूम में जबरदस्त ठहाका लगा।

''साले, हर उल्टी-पुल्टी चीज में भगवान को बीच में खींच लाते हैं। ओ' माई गॉड! मजे मारें ये और गॉड आकर मलहम लगाए! लानत है!''

गोपी की टाँग खींचने का कोई मौका हाथ से नहीं जाने देता है संजय। पहली बार संजय ने ही उसे पॉर्न मूवी दिखाई थी। गोपी गड़बड़ा गया था। अब्दुल तो रूम के बाहर चला गया था। दिलो-दिमाग में नैतिकता के हथौड़े बज रहे थे लेकिन एक बार बाहर से झाँककर देखा तो नजर स्क्रीन से हटने के लिए तैयार ही नहीं हुई। लेकिन अब तो दोनों मजे लेकर देखते हैं।

''अब देख लेना, ये पृथ्वीराज की तरह नहीं चूकनेवाला। चार हाथ पचास गज...मत चूको चौहान! एकदम सटीक निशाना लगाएगा।'' फिर जबरदस्त ठहाका लगा।

कुछ भी हो जाए, लेकिन संजय तनाव नहीं पालता था। 'टेंशन लेने की नहीं देने की सोचो'—संजय का फेवरिट डॉयलॉग था।

लेकिन शालू अक्सर राहुल को टेंशन में डाल देती थी। इस बार उसकी बातों से जबरदस्त टेंशन में था राहुल। वह बता रही थी घर में उसकी शादी की बात चल रही है। राहुल गड़बड़ा गया। सोच रखा था कि यूपीएससी क्लीयर करने के बाद पापा को कहूँगा शालू के पापा से बात करने के लिए, लेकिन अब क्या करे? बड़ी मुश्किल से शालू को चुप कराया, लेकिन अब सिर पकड़कर बैठा था।

''देख बेटे, तेरे प्रॉब्लम का वन टाइम सॉल्यूशन है कोर्ट मैरिज। एक बार शादी हो गई तो कोई कुछ नहीं कर सकता। तेरा ससुर इज्जत बचाने के लिए मामले को मैनेज करने में जुट जाएगा।''

''मजाक मत कर।''

''मजाक! तुझे मजाक लग रहा है? अबे, मैं एकदम सीरियस हूँ। यूपीएससी क्लीयर हो जाता तो बात दूसरी होती। लेकिन अब तो वह खड़ूस अपनी बेटी का हाथ तुझे देने से रहा।''

राहुल को भी लग रहा था कि गलत नहीं कह रहा है संजय। उसके और शालू के घर-परिवार की माली हालत में जमीन-आसमान का अन्तर था। ठेकेदारी, खाद का धन्धा और शराब के ठेकों के जरिए जबरदस्त कमाई की थी शालू के पापा ने। शहर में बड़ा रुतबा था उनका। बड़ा बँगला, चार-चार कार। दूसरी तरफ उसके पापा मामूली किसान। सात बीघे की जोत। जिस साल बाढ़ आ जाती थी या सूखा पड़ जाता था तो मुश्किल से घर का खर्च निकलता था। वह तो उनका हौसला बड़ा था कि उसे दिल्ली में बिठाकर आईएएस की तैयारी करा रहे थे।

''प्रॉब्लम यहीं तक सीमित नहीं है दोस्त, कास्ट का मसला भी बड़ा फैक्टर है। तेरा 'वुड बी ससुर' अपनी कास्ट का सबसे बड़ा लीडर है। अपनी कास्ट के वोट-बैंक के जरिए ही वो एमपी, एमएलए से काम निकालता है। अब अगर वह अपनी लड़की की शादी दूसरी कास्ट के लड़के से कर देता है तो सोच, अपनी कास्ट में उसकी क्या हैसियत रह जाएगी?''

राहुल सोच में डूबा हुआ था। संजय पहले की तरह उसे समझा रहा था।

''और शालू का बाप तो यह भी सोचेगा कि अगर तेरा यूपीएससी नहीं निकला तो? तू ही बता, आखिर क्यों वो शालू का हाथ सौंपने जाएगा तुझे? अब प्लीज, जज्बाती होकर यह मत कह देना कि अपनी बेटी की खुशी की खातिर।''

समस्या वाकई गम्भीर थी। संजय के किसी सवाल का सटीक जवाब नहीं था उसके पास, लेकिन किस्मत ने थोड़ी मदद की राहुल की। जब शालू ने

बताया कि जहाँ शादी की बात चल रही थी वहाँ दहेज को लेकर बात नहीं बन पाई तो चैन की साँस ली उसने।

"बकरे की अम्माँ कब तक खैर मनाएगी, दोस्त? यहाँ नहीं तो और कहीं सही। तेरा खड़ूस ससुर एक साल तक बैठनेवाला नहीं है। दिल का मर्ज जितनी जल्दी ठीक हो जाए, उतना ही अच्छा होता है। देर करने से बहुत देर हो जाती है।" संजय की राय थी।

शालू को लेकर राहुल परेशान रहने लगा। संजय के वन टाइम सॉल्यूशन के लिए उसका दिल गवाही नहीं दे रहा था। अपना खर्च तो खुद मुश्किल से निकलता है। उस पर से शादी। घरवालों के चेहरे सामने आ जाते थे। शालू से भी कभी इस बारे में ठीक से बात नहीं की थी। हरदम यही सोचता था कि एक बार यूपीएससी क्लीयर हो जाए तो सबको मना लेंगे। सेफ गेम की खातिर उसने पीसीएस भी ट्राई करने का फैसला किया। डीएसपी-एसडीएम भी बन जाएँ तो शालू मिल जाएगी।

जयपुर में जबरदस्त शरारत की थी अब्दुल ने। पीटी देने पहुँचे थे सब। काफी आसान पेपर लगा।

"यूपीएससी की तैयारी करो तो स्टेट पीसीएस खुद-ब-खुद झोली में आ जाएगा। यूपीएससी के आगे स्टेट पेपर की क्या हैसियत? देखा, कितना आसान था।"

गोपी और अब्दुल दोनों बहुत खुश थे। संजय और राहुल की तरह उनका भी पेपर काफी अच्छा गया था।

"आज रुक जाते हैं जयपुर में। बाप के पैसे पर थोड़ी मस्ती हो जाए।" अब्दुल की राय थी।

किसी ने इनकार नहीं किया। सब देर रात तक यों ही सड़कों पर तफरीह करते रहे।

"पधारो...पधारो.." होटल के सेठ ने हाथ जोड़कर सबको बुलाया।

"ये जयपुर के होटल वाले कितने संस्कारी हैं! देखो, सब हाथ जोड़कर लोगों को बुला रहे हैं। और एक अपने बिहार के होटलवाले! भूख लगेगी तो आओगे ही बेटे, जाओगे कहाँ! लानत है। देख, कितने सम्मान से हाथ जोड़कर बुला रहा है ये सेठ और रेट भी जेनुइन। 100 रुपए पर प्लेट, जितना चाहे खाओ।" अब्दुल ने फरमाया।

छह रोटी तक होटलवाले ने गौर नहीं किया। लेकिन बाद में उसका माथा ठनका। गौर से देखा तो चारों नमूने भुक्खड़ की तरह प्लेट पर टूटे पड़े दिखे।

होटलवाले ने वेटर के कान में कुछ समझाया। अब रोटी देर से टेबल पर पहुँचने लगी। गोपी ने वेटर को टोका भी लेकिन उस पर फर्क नहीं पड़ा। खामोशी से दाल और सब्जी पर हाथ साफ करने में जुट गए गोपी और अब्दुल।

वेटर ने दिमाग लगाया। सब्जी कुछ ज्यादा ही तीखी लगी अब्दुल को।

"साले ने ऊपर से लाल मिर्च डाली है। सब्जी छोड़ गोपी, दाल के साथ रोटी खा।"

वेटर भी कम सयाना नहीं था। दाल की अगली कटोरी में दाल कम नमक ज्यादा।

"साला, फाऊल गेम खेल रहा है। जब बोर्ड पर लिखा है कि जितनी मर्जी, उतना खाना तो फिर इस तरह की बदमाशी क्यों? रुक बताता हूँ इस साले को।" दाल और सब्जी की कटोरी लेकर सीधे काउंटर पर पहुँच गया अब्दुल।

"मैं दोनों कटोरी लेकर फूड इंस्पेक्टर के पास जा रहा हूँ कम्प्लेन कराने।"

"क्या?" काउंटर पर बैठे सेठ का मुँह खुला रह गया।

"एक में मिर्च ज्यादा है और एक में नमक। नमक से मेरा ब्लड प्रेशर बढ़ गया और मिर्च से पेट में जलन हो रही है। तबीयत खराब होने की शिकायत करूँगा। कंज्यूमर फॉरम भी जाऊँगा। कम-से-कम दो महीने के लिए तुम अन्दर।"

होश उड़ गए होटलवाले के। फूड इंस्पेक्टर! कंज्यूमर फॉरम! दो महीने के लिए जेल! क्या कह रहा है ये छोरा?

"सर! सर! आप क्या कह रहे हैं। जरा सुनिए। ऐसी कोई बात नहीं। मैं वेटर को डाँटता हूँ। आप प्लीज, आप...आप टेबल पर चलिए।"

"सवाल ही नहीं उठता है। लाल मिर्च से जीभ अब तक जल रही है। मैं तो जा रहा हूँ कम्प्लेन करने।" जाने अब्दुल की पर्सनैलिटी ही इतनी दमदार साबित हो रही थी या सेठ ही ज्यादा डरपोक निकला, लेकिन वह तो एकदम बिछ ही गया!

"सर! सर, प्लीज, रुकिए, आप रसगुल्ले लीजिए। एकदम फ्रेश बीकानेरी रसगुल्ले। तुरन्त जीभ की जलन ठीक हो जाएगी। सर, प्लीज, आप टेबल पर चलिए।"

हाथ पकड़कर चारों को टेबल पर बिठाया सेठ ने। बीकानेरी रसगुल्ले के डिब्बे के साथ। डरा-सहमा वेटर पीछे से रसमलाई की चार प्लेट रख गया। कहीं जेल न जाना पड़े? 100 रुपए पर प्लेट की डील में नहीं था ये सब।

''सर, अब तो माफ कर दीजिए।'' हाथ जोड़े खड़ा था होटल का सेठ। ठीक उसी तरह जिस तरह हाथ जोड़कर उसने बुलाया था। ''अब आगे से कोई कमी नहीं होगी।''

''ठीक है, ठीक है। लेकिन इतना खिला दिए हो, वह पचेगा कैसे?''

''सर, हाजमोला, अरे हाजमोला ला...'' वेटर भागकर हाजमोला की बोतल ले आया। सेठ ने चार गोली देनी चाही। अब्दुल ने पूरी बोतल ले ली।

''ले गोपी, दो गोली खा ले। सब हजम हो जाएगा।''

''साले, दो गोली की जगह होती तो दो रसगुल्ले और नहीं खा जाता।''

जबरदस्त ठहाके ने आधा खाना पचा दिया चारों का।

पीटी से एक सप्ताह पहले फिर टेंशन दिया था शालू ने। अचानक फोन करके बोली कि कल कुछ लोग उसे देखने के लिए आ रहे हैं। राहुल का सिर घूम गया। जहाँगीर और नूरजहाँ की मोहब्बत को याद करे कि अपनी मोहब्बत का पेच सुलझाए? अगले संडे पीटी है और अभी ये टेंशन!

''कुछ मत कर, बोल उसे कि लड़के की माँ से थोड़ा बदतमीजी से बात करे वह। कोई सास यह बरदाश्त नहीं कर सकती है कि उसकी बहू उससे ऊँची आवाज में बात करे।''

काम कर गई थी संजय की सलाह। शालू समझ नहीं पा रही थी कैसे बदतमीजी करे? वह तो अपने नौकरों से भी ऊँची आवाज में बात नहीं करती थी, लेकिन अपनी मोहब्बत बचाने की खातिर सब कुछ किया उसने। पहला मौका मिलते ही अकेले में उसने लड़के की माँ से पूछा—

''लगता है कि आपको घर में खुद बर्तन माँजना पड़ता है?''

''हाँ! नहीं! लेकिन ये बात क्यों बोल रही हो?'' लड़के की माँ इस सवाल से गड़बड़ा गई।

''कुछ नहीं, आपके हाथ देखने से लग रहा है। देखिए, कितने रुखे और खुरदुरे हैं। मेरी बर्तन माँजनेवाली दाई के भी हाथ ऐसे ही थे।''

''क्या?'' लड़के की माँ के ऊपर बिजली गिरी। बर्तन माँजनेवाली दाई जैसे मेरे हाथ!

''हाँ, शुरू में उसके हाथ ऐसे ही थे, लेकिन बाद में मैंने उसे एक ग्लब्स दिया। अब वो ग्लब्स पहनकर बर्तन साफ करती है। ग्लब्स लगाने से उसके

हाथ काफी ठीक हो गए हैं। आप जाने लगेंगी तो एक ग्लब्स मुझसे लेते जाइएगा।''

लड़के की माँ सन्न रह गई थी। उसकी होनेवाली बहू उसकी तुलना अपनी दाई से कर रही है। समझती क्या है ये?

''शादी से पहले हाथ देख रही है। शादी के बाद मेरी गर्दन देखेगी। पतली है, आराम से उसके हाथ में आ जाएगी।'' घर जाते समय लड़के की माँ जबरदस्त गुस्से में थी।

''जब से शादी हुई, नौकरानी बना दिया आपने। मायके में थी तो कभी चाय भी नहीं बनाई। भाभी बिस्तर पर लाकर देती थीं। वही कप भी उठाकर ले जाती थीं और जब से शादी हुई दाई, बन गई हूँ, दाई। देख रहे हो मेरा हाथ!''

जब से शालू ने उसके खुरदरे हाथ की बात कही थी, तब से अपने हाथ से नजर नहीं उठा पा रही थी वो।

''पहले सास की सेवा। और ऊपर से तुम्हारी वो रईस बहन। शादी से पहले सब्जी तक नहीं काटती थी यहाँ और अब ससुराल में कैसे बर्तन साफ कर रही है!''

'जैसे तुम साफ करती हो।' पति की इच्छा हुई कि कहे यह बात। लेकिन बीवी के तमतमाए चेहरे को देखकर चुप रहा। 'कुछ कहूँगा तो कार में ही महाभारत मचा देगी।'

कुछ समझ नहीं पा रहे थे वो पूरा माजरा। 'लड़की देखने में तो काफी भोली लग रही थी। जरूर इसी ने कुछ कह दिया होगा। कैंची की तरह जुबान चलती रहती है। सबको मेरे जैसा ही समझती है। जरूर इसी ने कुछ बदतमीजी की होगी। तभी वह कुछ बोली होगी, या फिर शायद बोली भी न हो। यही लगा-बढ़ाकर बता रही हो। पहले से वहाँ शादी नहीं करना चाह रही थी। अपनी दीदी के बेटे की बीवी की फूफेरी बहन से शादी करना चाहती है लड़के की। मायके की तरफ का कुत्ता काट भी खाए तो गुदगुदी होती है, लेकिन दूसरा सूँघ भी ले तो सत्रह सुई! लानत है बीवियों की इस सोच पर!'

मन में काफी बुरा-भला कहा, लेकिन जुबान पर मन की एक बात भी नहीं आई। घर में बीवी की ही चलती थी। 'कुछ कह दूँगा तो लगी-जली सब्जी और बिना नमक की दाल खानी पड़ेगी। लौंडा भी दिन रात माँ-माँ करता रहता है। जाता भी रहता है खूब। अपनी माँ की दीदी के बेटे की बीवी के घर। लगता है साला वहीं शादी करेगा। तभी दिन-रात माँ-माँ किए रहता है। यहाँ शादी होती तो एक बोलेरो दरवाजे पर लग जाती। बिजनेस में भी

कुछ मदद मिल जाती। बुढ़ापा आराम से कटता, लेकिन ये सब कुछ करने दें तब न।'

बिना कुछ कहे चले गए दोनों शालू के घर से। घर जाकर बताएँगे। शालू के घरवाले भी समझ गए कि रिश्ता नहीं जमा। पूरी बात जानकर राहुल ने चैन की साँस ली...

मुश्किल से पीटी निकला था इस बार राहुल का। बॉर्डर लाइन का केस था। बस किसी तरह पास किया था उसने। संजय समझ रहा था सारी बात। समझाता भी था, लेकिन राहुल पर खास फर्क नहीं पड़ता था। हर 15-20 दिन बाद शालू की शादी की बात होने लगती थी। इधर राहुल का दिल बैठने लगता था।

"देख, मेन्स में अभी तीन महीने की देरी है। कोर्ट मैरिज कर डाल। निश्चिन्त हो जाएगा। मेन्स के बाद सबको बताना।"

राहुल का दिल गवाही नहीं देता था इस बात के लिए। हर बार सोच-विचार में पड़ जाता था। बस किसी तरह इस बार यूपीएससी क्लीयर हो जाए। लेकिन कहाँ से यूपीएससी क्लीयर होगा? पीटी ही मुश्किल से पास किया था उसने। मेन्स की तैयारी भी ठीक से नहीं हो पा रही थी। जब कभी शालू की शादी की बात होती, किताब कॉपी अपनी बदहाली पर रोने लगते थे। राहुल छूता तक नहीं था। संजय सब देख रहा था। समझ रहा था अपने दोस्त के दिल की हालत, लेकिन चाहकर भी वह कुछ नहीं कर पा रहा था। जब भी मौका मिलता, राहुल को समझाता...

"या फिर तू ऐसा कर। अपनी शालू की ही कसम खा कि मेन्स तक तू उससे किसी तरह का कॉन्टेक्ट नहीं रखेगा।"

राहुल भी यही चाहता था। लेकिन ऐसा हो नहीं पाता था। कुछ न कुछ ऐसा हो जाता था कि उसे शालू से बात करनी पड़ती थी। खुद शालू भी नहीं चाहती थी उसे डिस्टर्ब करना, लेकिन आखिर में टूट जाती थी वह। और इस बार तो मामला सगाई तक पहुँच गया था। हिम्मत करके उसने अपनी बड़ी दीदी से बात की, लेकिन दीदी उसे ही समझाने लगी। दिल्ली में ही रहती थी। एक दिन फ्लैट पर पहुँच गई राहुल को समझाने। काफी ऊँच-नीच समझाया। अपने हिसाब से बताया कि दोनों की भलाई किस चीज में है। संजय उठकर गोपी और अब्दुल के रूम में चला गया था जीएस की तैयारी करने। राहुल कुछ समझ नहीं पा रहा था क्या करे।

श्याम भैया ने सुना तो सिर पकड़ लिया। राहुल ने संजय को मना किया था किसी को बताने के लिए, लेकिन अब कोई उपाय नहीं बचा था। क्या

पता, कहीं उनकी बात से लाइन पर आ जाए राहुल। 20 दिन भी नहीं बचा है मेन्स में।

"भैया, उसकी शादी कहीं और हो गई तो मैं मर जाऊँगा। कुछ नहीं कर पाऊँगा। यूपीएससी का 'यू' भी नहीं लिख पाऊँगा।"

बिलख रहा था राहुल। उसकी नजरों के सामने उसकी दुनिया लुट रही थी। उसकी मोहब्बत किसी और की बाँहों में जानेवाली थी। उसके हाथ में आई लालबत्ती धुँधली पड़ रही थी। श्याम भैया उसके दर्द को समझ रहे थे, लेकिन करें तो क्या करें?

संजय के खुराफाती दिमाग ने फिर बचाया राहुल को। श्याम भैया के साथ मिलकर उसने प्लान बनाया। श्याम भैया के एक दोस्त पटना में एक्साइज कमिश्नर थे। उन्हीं से बात की श्याम भैया ने। पूरा माजरा विस्तार से समझाया। अगले दिन शालू के घर और शराब के गोदामों पर एक साथ एक्साइज का छापा पड़ा। शराब की सारी पेटी और फर्जीवाड़े के सारे कागजात जब्त। शालू के पिता और उसका भाई गिरफ्तार। श्याम भैया के दोस्त खुद मॉनिटरी कर रहे थे छापे की। ऐसा केस बनाया कि पुलिस स्टेशन से जमानत का सवाल ही नहीं उठता था।

शालू की सगाई टल गई, लेकिन उसे कुछ खास पता नहीं चला। आँखों से आँसू बह रहे थे। पता नहीं चला कि आँसू खुशी के थे या गम के? घर के मन्दिर में बैठकर दिन-रात रोती रहती थी। कभी अपने पापा और भाई की सलामती की दुआ माँगती तो कभी फरियाद करती कि उसके राहुल को लाल बत्ती मिल जाए। राहुल की बर्बादी के लिए वह खुद को जिम्मेदार मानती थी। काश, वो उसकी जिन्दगी में नहीं आई होती!

शालू के पापा को कुछ समझ में नहीं आ रहा था। एक्साइज डिपार्टमेंट में टाइम से हफ्ते भिजवा रहे थे। फिर ये छापा? किसी ने खबर तक नहीं दी! हर बार छापे से पहले फोन आ जाता था। अपने सोर्स से पता कराया तो बस यही पता चला कि आदेश ऊपर से आया था। ऊपर का मतलब उनके लिए लोकल एमपी-एमएलए थे। चन्दा तो पूरा दिया था उन्होंने! वैसे एमपी 10 लाख और माँग रहा था...कहीं उसी ने तो बदला नहीं चुकाया है? वकील कह रहे थे कि जमानत मिलने में मुश्किल होगी।

राहुल कुछ सोचना नहीं चाहता था। नोट्स और बस नोट्स। पागलों की तरह पढ़ रहा था वह। तीन महीने की पढ़ाई को 15 दिनों में खत्म करना चाहता था। सूखकर काँटा हो गया था। पूरे चेहरे को दाढ़ी ने ढँक रखा था। मुश्किल से तीन-चार घंटे सोता था। सोते समय भी दिमाग में सवालों के जवाब ही घूमते रहते थे। श्याम भैया शाम को आते तो अनार का जूस लेकर

आते थे। संजय के लिए एक गिलास, राहुल के लिए दो गिलास। ज्यादा तनाव नहीं लेने की सलाह देते थे, लेकिन उनके जाते ही राहुल नोट्स की दुनिया में खो जाता था।

'बस, बहुत हो चुका लफड़ा! अब और नहीं। इस बार किसी कीमत पर यूपीएससी निकाल लेना है। फिर सारा लफड़ा खत्म।'

शालू का खयाल आते ही सिर झटक देता था वह। अभी नहीं! अभी केवल और केवल यूपीएससी। उसकी और शालू की जिन्दगी की हर समस्या का इकलौता इलाज। शालू का भी फोन नहीं आता था। मेन्स के बाद ही बात करने की बात हुई थी दोनों में।

राहुल की हालत देखकर संजय थोड़ा डर रहा था। उसकी धुन की तारीफ करता था, लेकिन कई बार उसे लग रहा था वीणा के तार को कुछ ज्यादा ही कस रहा है राहुल। महात्मा बुद्ध को यही समझाया था सुजाता ने। सिद्धार्थ ज्ञान की प्राप्ति के लिए भूखे-प्यासे तप पर बैठे थे। सूखकर काँटा हो गए थे। मरने के करीब पहुँच गए, लेकिन ज्ञान नहीं मिल रहा था। सुजाता गाती हुई गुजरी थी उनके बगल से। गीत के बोल थे—वीणा के तार को इतना मत कसो कि वो टूट जाए और इतना ढीला भी मत छोड़ो कि आवाज ही नहीं निकले। सिद्धार्थ को जीवन के मध्यम मार्ग का महत्त्व समझ में आ गया। सुजाता की दी हुई खीर से व्रत तोड़ा था उन्होंने। ज्ञान-प्राप्ति के बाद वही बुद्ध कहलाए।

''यार, मुझे बुद्ध जैसा ज्ञानी नहीं बनना है। मुझे तो बस यूपीएससी निकालना है। तू चिन्ता मत कर, तेरे दोस्त को कुछ नहीं होगा। वैसे भी बुद्ध के संघर्ष में उनके प्यार का साथ नहीं था। यशोधरा को उसके हाल पर छोड़कर वे ज्ञान पाना चाहते थे। इसीलिए इतना पंगा हुआ था, लेकिन मेरे साथ ऐसा नहीं है। मेरे संघर्ष में मेरा प्यार मेरे साथ है। बस दुआ कर कि उसका साथ कभी नहीं छूटे।''

किस्मत ने साथ दिया राहुल का। मेन्स तक कोई लफड़ा नहीं हुआ। न शालू का कोई फोन आया, न ही राहुल ने उसे फोन किया। दोनों ने तय कर रखा था कि जब तक कुछ खास नहीं होगा दोनों बात नहीं करेंगे। बस तभी बात करेंगे जब लगेगा कि बात नहीं करने से उनकी दुनिया लुट सकती है।

बहुत दिनों बाद श्याम भैया के रूम की रौनक लौटी थी। लिट्टी-चोखा और रम! राहुल और संजय दोनों का मेन्स निकला था। संजय के

रिजल्ट पर किसी को ज्यादा हैरानी नहीं हुई, लेकिन राहुल के रिजल्ट को लेकर हर किसी के मन में डाउट था। पीटी के बाद तीन महीने तक किताब को नहीं छुआ था। बस, आखिरी के 15 दिनों की पढ़ाई!

"अबे, टू द प्वाइंट पढ़ाई की थी दोस्त ने। तेरी तरह गर्लफ्रेंड के अँगूठे नहीं देखता रह गया था!"

बहुत दिनों बाद गोपी को छेड़ रहा था संजय, लेकिन गोपी नाराज होने की बजाय ठहाके लगा रहा था।

"साले, इस बार देख लेना। एकदम टू द प्वाइंट अटैक करूँगा। पृथ्वीराज चौहान की तरह। चार बाँस, चौबीस गज..."

"अबे, उतनी दूर से अटैक मत कर देना। साले, फिर गच्चा खा जाएगा!"

रूम में जबरदस्त ठहाके लग रहे थे। हँस राहुल भी रहा था, लेकिन बार-बार आँखों में आँसू आ जा रहे थे। शालू से बात करने का बहुत मन कर रहा था उसका। इतनी बड़ी खुशी। उसी की बदौलत तो निकला है उसका मेन्स। पार्टी चलता छोड़कर धीरे से बाहर निकल गया वह। शालू को मेन्स के रिजल्ट के बारे में बताने। थोड़ी तसल्ली मिलेगी उसे।

'स्विच ऑफ क्यों आ रहा है शालू का फोन?'

राहुल की बेचैनी बढ़ रही थी। मन में तरह-तरह के खयाल आ रहे थे। अपने मोबाइल से उसके लैंड लाइन पर फोन करने पर बहुत रिस्क था। वापस रूम पर लौटा। संजय को साथ लिया और पीसीओ पर पहुँचा। फोन एक स्टाफ ने उठाया। बताया कि पूरा परिवार पिछले सप्ताह कहीं गया है। कहाँ और किस काम से? यह नहीं बता पाया वो। कब तक लौटेंगे वे लोग, ये भी नहीं पता था उसे।

राहुल का दिल बैठने लगा। संजय ने श्याम भैया को सारी बातें बताईं। वे भी हैरान-परेशान।

"इस वक्त तो रात के दो बज रहे हैं। सुबह देखते हैं।"

पार्टी अधूरी छोड़कर सब वापस रूम पर लौटे। रात भर राहुल करवटें बदलता रह गया। परसों से इंटरव्यू की कोचिंग शुरू हो रही थी, लेकिन उससे पहले फिर यह लफड़ा!

"कहीं शालू की जबरदस्ती शादी तो नहीं करा दी उसके पापा ने?" रूम पर राहुल बुदबुदाया। वह खुद से ही सवाल कर रहा था।

"पागल हुए हो क्या? तुम्हें अपनी शालू पर भरोसा नहीं है क्या? चुपचाप सो जा। सुबह सब पता चल जाएगा।" संजय ने उसे समझाया।

"हाँ, शालू कभी ऐसा नहीं करने देगी। जिद्दी तो है ही। कोई उसे इमोशनली ब्लैकमेल कर सकता है, लेकिन जोर-जबरदस्ती तो कतई नहीं।"

राहुल के दिल को थोड़ी तसल्ली मिली। कब आँख लगी, पता ही नहीं चला।

दूसरे रोज दिनभर परेशान रहा वह। कटिहार में सुजीत को फोन किया। उसने पता लगाकर फोन करने की बात कही, लेकिन रात आठ बजे तक कोई खबर नहीं। राहुल दिन भर फोन के पास बैठा रहा। दो-तीन बार सुजीत को फोन भी किया, लेकिन उसे अभी कुछ खास पता नहीं चला था। राहुल के हाथ में पेपर था, लेकिन दो पन्ने भी नहीं पलट पाया। संजय मन ही मन भड़क रहा था, लेकिन कहा कुछ नहीं उसने।

रात 11 बजे सुजीत का फोन आया। उसने बताया कि बस इतना पता चला है कि पिछले सप्ताह शालू के पापा अपने पूरे परिवार के साथ गुवाहाटी गए हैं।

''गुवाहाटी क्यों?'' राहुल दहल उठा।

''अब ये नहीं पता चल पाया है! लेकिन ये जरूर पता चला है कि पूरा परिवार साथ गया है। शालू के पापा-मम्मी, भैया-भाभी, छोटी बहन सब।''

''लौटने के बारे में कुछ पता चला?''

''नहीं...''

''उनके बिजनेस सर्किल से पता कर। कहीं उन लोगों से कुछ कहा हो उन्होंने।''

''मैंने पता किया था, लेकिन अपने किसी एजेंट को भी लौटने के बारे में कुछ नहीं कहा है शालू के पापा ने।''

राहुल का दिल बैठने लगा। इतना सस्पेंस! मन कह रहा था कि कुछ न कुछ गड़बड़ जरूर है। संजय से कुछ नहीं कहा उसने। उसे डिस्टर्ब नहीं करना चाहता था वह। सुबह उठकर शालू की दिल्ली में रहनेवाली दीदी का पता करना होगा। इंटरव्यू के टॉपिक याद नहीं आ रहे थे उसे।

शालू की दीदी का भी कुछ पता नहीं चला। फ्लैट में ताला लगा हुआ था। गेटकीपर ने बताया कि पिछले सप्ताह हसबैंड-वाइफ कहीं गए हैं। कहाँ और कब तक लौटेंगे, कुछ पता नहीं था उसे।

राहुल का दिल बैठ गया। वो खुद भी घंटों एक पार्क में बैठा रहा। क्या करे? कैसे पता लगाए शालू का? कहीं उसकी शादी तो नहीं हो गई? काँप उठता था वह। किससे बात करे? संजय को कतई डिस्टर्ब नहीं करना चाहता था। श्याम भैया! लेकिन श्याम भैया उसकी बात सुनते ही भड़क गए।

''तुम साले बावले हो गए हो क्या! अबे, आज के जमाने की लड़की है शालू। माना कि तेरी शालू के पापा बहुत बड़ी तोप हैं, लेकिन हिटलर नहीं

हैं वे। बिना शालू की मर्जी के वे कतई शादी नहीं करा सकते हैं। तेरी शालू पढ़ी-लिखी है। बोल्ड है।''

''तो फिर इस तरह बिना बताए सब गुवाहाटी क्यों चले गए? उसकी दिल्ली वाली दीदी भी गई है।''

''होगा कुछ। 1-2 दिन में पता चल जाएगा। देख राहुल, तू अपने इंटरव्यू पर फोकस कर। टाइम एकदम नहीं हैं। इस बार पचड़े में फँसेगा तो कहीं का नहीं रहेगा।'' श्याम भैया समझा रहे थे उसे।

राहुल समझ रहा था इस बात को। लेकिन करे क्या वह? चाहकर भी पढ़ाई नहीं कर पा रहा था। नोट्स के पन्ने पलटते रहता था, लेकिन नजर फोन पर। एक-दो और सोर्स से उसने पता करने की कोशिश की, लेकिन कामयाबी नहीं मिली। कहाँ है उसकी शालू? गुवाहाटी क्यों गई है? यही सवाल उसे खाए जा रहा था।

तीसरे दिन रात में तीन बजे फोन की घंटी बजी। शालू थी उस तरफ।

''कहाँ थीं तुम?'' राहुल चिल्ला पड़ा था। संजय की नींद खुल गई। त्रह भी उठकर बैठ गया। लाइट ऑन की। राहुल के चेहरे पर पसीना छलक रहा था।

''कहाँ थीं तुम?''

''मैं तो गुवाहाटी गई थी।''

''तो बताया क्यों नहीं था?''

''तुम्हीं ने तो कहा था—डिस्टर्ब मत करना। क्या हुआ तुम्हारे रिजल्ट का?''

''और तुम्हारा मोबाइल?'' अभी राहुल रिजल्ट के बारे में कोई बात नहीं करना चाहता था।

''वह घर पर छूट गया था...।''

क्या बताता राहुल शालू को? कैसे समझाता कि पिछले चार दिनों में उसके साथ क्या हुआ? क्या-क्या खयाल आया मन में, लेकिन कहा कुछ नहीं। उसने बस इतना बताया कि मेन्स निकल चुका है। शालू खुशी से उछल पड़ी थी। फोन पर ही चार-पाँच पप्पी दे डाली, लेकिन राहुल खामोश रहा। सुबह बात करते हैं, कहकर लेट गया वह।

संजय ने लाइट ऑफ कर दी। तकदीर भी क्या खेल खेल रही है उसके साथ। राहुल के मन में खयाल आ रहा था।

''हर बात पर तकदीर को कोसना ठीक नहीं होता है, बेटे! ज्यादातर मामलों में हम अपनी गलती को तकदीर का नाम दे देते हैं। तकदीर की तरफ

उँगली उठाओगे तो अँगूठा तुम्हारी तरफ उठेगा।'' पिता के कहे शब्द याद आ रहे थे राहुल को।

कामाख्या मन्दिर में कोई खास तांत्रिक अनुष्ठान कराया था शालू के पिता ने। शालू के ऊपर आई ग्रह-दशा को काटने के लिए। राहुल को राहू के तौर पर देख रहे थे शालू के घरवाले। शालू पूरे अनुष्ठान के दौरान माँ कामाख्या से राहुल के लिए दुआ करती रही।

''भगवान को भी बड़ी उलझनों से गुजरना होता है, दोस्त! अब देख, शालू के घरवाले माँ से माँगे कि किसी तरह से तू उसकी जिन्दगी से निकल जा। शालू ने तुझसे मिलाने की प्रार्थना की। अब बता, माँ पड़ गई न उलझन में! दोनों भक्त, दोनों फरियादी—लेकिन दोनों की फरियाद अलग-अलग। एक-दूसरे की विरोधी। वैसे अच्छी बात यही है कि माँ कामख्या को किसी के दरबार में इंटरव्यू नहीं देना है।''

संजय का इशारा समझ रहा था राहुल। अब सब कुछ भुलाकर इंटरव्यू की तैयारी करनी है। शालू का पता लगाने के चक्कर में ही इतना समय बर्बाद हो गया।

इस बार कोचिंग नहीं ले पाया राहुल। बहन बता रही थी कि पुराने महाजन ने और कर्ज देने से इनकार कर दिया। पहले पुराना चुकाने की बात कर रहा था। पापा किसी दूसरे महाजन से कर्ज लेने की कोशिश कर रहे हैं। राहुल ने पापा को मना कर दिया। बुरा लग रहा था उसे। घरवाले कर्ज लेकर उसे पढ़ा रहे हैं। और एक वह...

श्याम भैया कोचिंग के लिए पैसे दे रहे थे। लेकिन उसने मना कर दिया। कई बार गिल्ट कन्संस में फँस जाता था राहुल। सब उसके लिए इतना कर रहे हैं, लेकिन वह खुद को बर्बाद कर रहा है। खैर, बस...किसी तरह इंटरव्यू क्लीयर हो जाए! सिर झटक दिया राहुल ने। संजय कोचिंग ले रहा था। रोज शाम को दोनों डिस्कसन करते थे। श्याम भैया भी आकर हाल-चाल ले जाते थे।

आखिर में वही हुआ जिसका सबको डर था। संजय फाइनली सेलेक्ट हो गया, लेकिन इस बार मेन्स की तरह राहुल का जज्बा काम नहीं कर पाया। राहुल ने संजय को बधाई दी। संजय ने अपने सबसे प्यारे दोस्त को गले लगा लिया। उसकी आँखों से आँसू छलक पड़े...

''अबे पागल, खुशी के मौके पर रोते नहीं हैं।''

''अपने लिए नहीं, तेरे लिए रो रहा हूँ। इस सक्सेस के लिए मुझसे ज्यादा तू डिजर्व करता था। सबको पता है कि तेरे अन्दर मुझसे ज्यादा

पोटेंशियल है। कोई माई का लाल तुझे यूपीएससी क्रैक करने से नहीं रोक सकता था। काश, तू इन लफड़ों में ना फँसता।''

''नहीं फँसना चाहता था दोस्त! बचने की बहुत कोशिश करता था, लेकिन क्या करूँ? दिल के हाथों मजबूर हो जाता हूँ।''

सब समझ रहे थे उसके दिल का हाल। किश्तों में कत्ल हो रहा था उसका...

घर पर माँ रो पड़ी थी उसका चेहरा देखकर। सूखकर काँटा हो गया है उसका लाल। दिल्ली गया था उसका बेटा तो कितना हँसता-गाता... लेकिन अभी...

''छोड़ दे ये परीक्षा-वरीक्षा का चक्कर...इनके लालबत्ती के चक्कर में मेरे लाल का क्या हाल हो गया! भाड़ में जाए लालबत्ती।'' राहुल खामोशी से माँ की बात सुनता रहा। ममता की थपकी असर दिखा रही थी। घर पर ज्यादातर समय सोता ही रहता था।

''सारे लफड़े को खत्म करके ही इस बार एग्जाम में बैठना है। तेरे पास बस एक चांस बचा है। इस चांस को तू बर्बाद मत कर। जा घर और शालू से बात कर। घरवाले मान जाएँ तो ठीक, वरना कोर्ट मैरिज। सब मैनेज हो जाएगा। कटिहार में नहीं होगा तो यहाँ दिल्ली में होगा। यहाँ उसका बाप कुछ नहीं कर सकता है। तू शालू से ठीक से बात कर। सारी प्रॉब्लम बता। अब और रिस्क लेने का टाइम नहीं बचा।'' श्याम भैया ने चलते समय कहा था।

''मोहब्बत के मँझधार में फँसी किश्ती कभी भी दरिया के दिल में समा सकती है, दोस्त। जितनी जल्दी उसे किनारा मिल जाए, उतना ही अच्छा होता है।'' संजय ने अपने जाने-पहचाने अन्दाज में उसे खतरे से आगाह किया।

राहुल को भी लगने लगा था कि अपनी उलझन से पूरी तरह निजात पाए बगैर वह कुछ कर नहीं सकता था। शालू से बिछुड़ने का खयाल ही उसे तोड़ने के लिए काफी था।

कोर्ट मैरिज की बात पर काँप उठी थी शालू। कैसे होगा? क्या होगा? घरवालों पर क्या गुजरेगी? लेकिन यह भी कह रही थी कि घर पर बात करने से कुछ नहीं होनेवाला। पापा और भैया किसी कीमत पर तैयार नहीं होनेवाले हैं।

''तो सॉल्यूशन क्या है? तू एक साल की गारंटी ले तो फिर निश्चिंत होकर एग्जाम दूँ।''

''कैसे गारंटी लूँ? पिछली बार ही सगाई हो जाती, वो तो छापा पड़ गया। और बाद में लड़केवालों ने मना कर दिया।''

''तो फिर बता, कैसे क्या होगा?'' राहुल झल्ला पड़ा था, ''मैं इस हालत में एग्जाम नहीं दे सकता।''

''तुम ही बताओ? मेरा तो दिमाग एकदम काम नहीं कर रहा है।''

राहुल अगले तीन घंटे तक उसे समझाता रहा। शालू के चेहरे पर एक रंग आ रहा था, एक जा रहा था। कटिहार में कोर्ट मैरिज के लिए वह तैयार नहीं हुई—''यहाँ पापा और भैया कोर्ट से उठा लाएँगे।''

तय हुआ कि दिल्ली में सब कुछ होगा। वहाँ राहुल सब मैनेज करके रखेगा। बस, शालू को दीदी से मिलने के बहाने दिल्ली आना होगा। यह भी तय हुआ कि कोर्ट मैरिज की बात को सबसे छुपाकर रखना है। यूपीएससी निकल जाएगा तो फिर पापा से बात करके आराम से अरैंज मैरिज करेंगे। बीच में शादी की बात होगी तो फिर कोर्ट मैरिज का सहारा तो रहेगा ही।

बहुत दिनों बाद राहुल थोड़ा रिलैक्स हुआ। पापा और भैया को उसने पहले ही हिंट दे दिया था। उन्होंने बस यही कहा था कि उसकी खुशी में उनकी खुशी है। बस अपने कैरियर को बर्बाद मत करना। माँ और भाभी को मना लेने का पूरा भरोसा था उसे। राहुल के चेहरे की खुशी लौट आई, लेकिन शालू के चेहरे की खुशी गायब हो रही थी। अजीब कशमकश से गुजर रही थी वह। कभी घर-परिवार का खयाल आता, कभी राहुल का।

सुजीत की शादी में जबरदस्त शरारत की संजय ने। अपनी फर्स्ट नाइट को लेकर काफी टेंशन में था वह।

''बहुत डर लग रहा है। कभी कुछ किया नहीं।''

''अबे, साले, कभी कुछ नहीं किया! तो अब कर ले! पिछला सारा बकाया चुका ले।'' गोपी के चेहरे पर शरारत थी।

'' हाँ यार, इसमें डरने की क्या बात है? रिलैक्स रह।'' अब्दुल ने सलाह दी।

''और नहीं तो क्या! तेरा हथियार तो सही-सलामत है। ये साला तो अपना कटा हुआ हथियार लेकर मैदान-ए-जंग में जाने के लिए कब से तैयार बैठा है!'' गोपी ने फिर अब्दुल से मजे लिए।

''अरे यार, थोड़ा डर लग रहा है। कहीं मौके पर कॉन्फिडेंस न लूज कर जाऊँ।''

''अबे, कुछ नहीं होगा। पहली बार इसी तरह थोड़ी घबराहट होती है। रिलैक्स रह। लड़की तुझसे ज्यादा नर्वस होगी। उसका भी पहली बार ही होगा।''

''जरूरी थोड़े है।'' संजय मजे लेने के मूड में आ गया।

''मतलब...'' सब चौंके।

''जानता है, मेरे साथ पिछले जन्म में क्या हुआ था? मैं मरा तो भगवान मुझसे बहुत खुश हुए। 'भक्त, तुम तो कमाल के आदमी हो! पूरी जिन्दगी अपनी बीवी को छोड़कर कभी किसी के साथ कुछ नहीं किया। चित्रगुप्त इसे एसीवाला आलीशान बंगला एलॉट करो। चरित्रवान भक्त सुख से रहेगा।'

'और भगवान जो दाएँ-बाएँ करते हैं उन्हें क्या मिलता है?' मैंने हाथ जोड़कर भगवान से पूछा।

'उन्हें झोपड़ी मिलती है। टूटी-फूटी झोपड़ी।' भगवान ने जवाब दिया।

मैं आराम से एसीवाले बंगले में रहने लगा। एक दिन संयोग से झोपड़ियों के पास से गुजरा तो देखा, मेरी बीवी अपनी झोपड़ी के बाहर झाड़ू लगा रही थी। उसका कॉलेज का दोस्त अन्दर डेरा जमाए बैठा था।''

जबरदस्त ठहाका लगा।

''इसीलिए तय किया कि इस जन्म में झोपड़ी में ही रहना है। एक के बजाय तीन-चार झोपड़ी अलॉट कराना है भगवान से। पिछले जन्म में अकेले एसीवाले बंगले में चन्दन घिसते-घिसते बोर हो गया था। साला, जिन्दगी भर चन्दन मैंने घिसा, तिलक बीवी के ब्वॉयफ्रेंड ने लगाया। इसीलिए...इसीलिए तय किया है कि इस जन्म में शादी से पहले तीन-चार जगह हाथ साफ कर लेना है ताकि मरने के बाद बोर नहीं होना पड़े।''

''चल बेटा, सबको पता है, तू कितना बड़ा 'बीकेसी' है। मकान मालकिन की बेटी दुपट्टा सरकाती है तो साला बाथरूम में पहुँच जाता है और मुझे ज्ञान दे रहा है।''

सुजीत ने संजय को हड़काया, लेकिन संजय पहले की तरह चालू था।

''देख बेटा, अभी चार दिन का समय है। अभी भी टाइम है। कहीं से एक बार प्रैक्टिस करके आ जा। मैच में सक्सेस की गारंटी रहेगी। अच्छा, चल, अगर तू ये नहीं करेगा तो ऐसा करना कि मोर्चे पर जाने से तीन घंटे पहले एक बार अपना हाथ जगन्नाथ कर लेना। फिर तेरा ओवर एक्साइटमेंट भी कुछ नहीं करेगा और सही वक्त पर सब कुछ सही हो जाएगा।''

''क्या कह रहा है तू?''

''सीरियसली, मजाक नहीं कर रहा हूँ। सारे सेक्स एक्सपर्ट यही कहते हैं। दरअसल उस समय जो इनसान नर्वस होता है वो बेवजह तनाव में आ

जाता है और उसका ओवर एक्साइटमेंट पूरा खेल खराब कर देता है। मुझ पर विश्वास नहीं तो तू राहुल से पूछ ले।''

राहुल को संजय की ओवर एक्साइटमेंट वाली बात तो सही लगी, लेकिन तीन घंटे पहले का फार्मूला पहली बार सुन रहा था वह। पता नहीं, क्या चल रहा है संजय के दिमाग में? सुजीत भी कुछ तय नहीं कर पा रहा था। ये साला संजय मजाक कर रहा है या फिर कुछ खुराफात? संजय पहले की तरह सीरियस था। आखिर में सुजीत ने संजय के फॉर्मूले पर चलने का फैसला किया, लेकिन मौके पर चूक गया था वह। दूसरे दिन संजय को मारने के लिए दौड़ा रहा था।

''साला, कमीना, कुत्ता...फर्स्ट इम्प्रैशन ही खराब कर दिया!''

''अबे तूने टाइम का ठीक से खयाल नहीं रखा होगा। ठीक तीन घंटे पहले करता तो सब ठीक रहता। जरूर तूने तीन घंटे के बाद किया होगा।'' भागते-भागते कहा था संजय ने। बाकी सारे दोस्त ठहाके लगा रहे थे।

किशनगंज में दंगा हो गया। कई दुकानें फूँक दी गईं। कई गाड़ियाँ आग के हवाले। कुछ लोगों के मरने की भी खबर थी। अब्दुल के घर पर ठहरे थे सब सुजीत की शादी के बाद। वहीं से दिल्ली के लिए ट्रेन पकड़ने का इरादा था, लेकिन यहाँ तो चूहे के बिल में फँस गए सब। किस बात पर दंगा भड़का था, पता ही नहीं चल रहा था। हिन्दुओं के बीच बात फैली कि मुसलमानों ने गाय काटी है। मुसलमानों के बीच खबर आई कि हिन्दुओं ने मस्जिद में सुअर फेंका है।

''छह महीने बाद चुनाव है न यहाँ! उसी की तैयारी के लिए हुआ है यह दंगा।'' संजय की राय थी।

''हाँ, अब्बा भी बता रहे थे कुछ दिनों से यहाँ बाहर के लोग आ-जा रहे हैं। ढेर सारी सीडी लाते हैं। दुनिया के अलग-अलग कोने-कोने में हो रहे मुसलमानों पर अत्याचार का वीडियो होता है उसमें। हिन्दुस्तान में मुसलमानों पर हो रहे जुल्म का वीडियो भी होता है।''

अब्दुल ने तीनों को बताया।

''शुरू में अब्बू को पूरी बात समझ में नहीं आई थी। लेकिन जब उन्होंने देखा कि वीडियो एडिटिंग में फर्जीवाड़ा करके दुनिया के दूसरे हिस्सों में मुसलमानों पर हो रहे जुल्म को भी हिन्दुस्तानी मुसलमानों पर जुल्म कहकर दिखाया जा रहा है तो वे समझ गए कि इनके इरादे नेक नहीं हैं। तब उन्होंने बाहर से आए लोगों का विरोध किया, लेकिन काफी लोगों को बरगलाने में

कामयाब हो गए हैं वो सब। हिन्दुओं का भी कोई बड़ा नेता बाहर से आया था पिछले दिनों। दो घंटे के भाषण में केवल जय श्री राम और जय बजरंग बली के नारे गूँजते रहे। उसी के बाद फैला है ये दंगा।''

सुजीत ने फोन किया था राहुल को, ''चिन्ता मत करो। किशनगंज में कुछ अपने लोग हैं। मैं तुम लोगों को वहाँ से निकालने के लिए बोलता हूँ।''

''कोई जरूरत नहीं है।'' आवाज तेज हो गई राहुल की, ''हम लोग अब्दुल के यहाँ सुरक्षित हैं।''

बाहर निकलना चाहते थे सब। लोगों की मदद के लिए, लेकिन अब्दुल के अब्बू ने किसी को बाहर नहीं जाने दिया।

''अपनी आँखों के सामने चार चिरागों को सनकी तूफान की मर्जी के हवाले नहीं कर सकता। अभी जिन्दा हूँ मैं। पता करता हूँ कि ये आग किसने लगाई है?'' अब्बू बाहर चले गए।

''तुम लोग चिन्ता मत करो। अब्बू को कुछ नहीं होगा। ठाकुर जी के मन्दिर का पुजारी उनके स्कूल का दोस्त है। कोई भी हिन्दू उनसे बाहर नहीं जा सकता और अब्बू से भी कोई बाहर नहीं है। दो-चार लोगों को छोड़कर कोई उनकी बात नहीं काटता है।'' अब्दुल ने तीनों को बाहर नहीं जाने दिया।

लेकिन थोड़ी देर बाद वह खुद गायब हो गया। बूढ़े अब्बू को कैसे अकेले छोड़ दे? अम्मी और कुलसूम को समझाकर चला गया। बाहर से गेट पर ताला लगा दिया था उसने। तीनों दोस्त तड़पकर रह गए, लेकिन बाहर निकलने का कोई चांस नहीं था।

देर रात वापस लौटे अब्दुल और उसके अब्बू। चेहरे उतरे हुए थे। बिना कुछ कहे सब सो गए।

गोपी ने आँख बन्द की तो अँधेरे में कुछ उजाला नजर आया।

''अरे! ये तो अपने हनुमान जी हैं! और उनके सामने दूसरा कौन बैठा है?''

''आदाब अर्ज है!'' हनुमान जी की आवाज गूँजी।

''प्रणाम-प्रणाम!'' सामनेवाले की आवाज गूँजी।

गोपी हैरान-परेशान।

''ये तो अब्दुल के अल्ला मियाँ बोल रहे हैं!''

''देख रहे हैं नीचे क्या हो रहा है?''

''हाँ, देख रहा हूँ। मेरा नाम लेकर मेरे बन्दों पर अत्याचार हो रहा है।''

''हाँ, देखिए न! एक मासूम की इज्जत लूटते वक्त एक शैतान जय बजरंग बली बोल रहा था। अब बताइए, मैं एक औरत के सम्मान की खातिर

रावण से भिड़ गया था और यहाँ पर मेरा नाम लेकर मेरी एक बच्ची की इज्जत लूटी जा रही है।''

''और पता है, मेरे बारे में क्या कहा गया है? कहा गया है कि अगर तुम अल्लाह का काम करते वक्त मर भी गए तो मरने के बाद तुम्हें जन्नत में जगह मिलेगी। खुद अल्लाह तुम्हें 17 कुँआरी हूर देगा। अब आप ही बताइए, मुझे क्या बना दिया है इन दोजख के कीड़ों ने?''

''कैसे खत्म होगा ये सब? कई बार तो मैं सोचते-सोचते परेशान हो जाता हूँ।''

''परेशान तो मैं भी कम नहीं। जिस मुल्क में देखिए, वहीं पर दो-चार शैतान सबको बरगला रहे हैं; लेकिन आप चिन्ता मत कीजिए। धीरे-धीरे सब खत्म हो जाएगा।''

''कैसे खत्म होगा? ऐसे दुष्ट तो रक्तबीज की तरह होते हैं। एक को मारो तो दस नए पैदा हो जाते हैं!''

''खत्म होंगे, सब खत्म होंगे। हिन्दुस्तान में भी एक सच्चे रिनेसाँ की जरूरत है। यूरोप में पुनर्जागरण और धर्मसुधार आन्दोलन के बाद कितना कुछ बदल गया। उसी की जरूरत यहाँ भी है।''

गोपी की नींद खुल चुकी थी। रात भर कई तरह के खयाल आते रहे उसके मन में। धर्म का मर्म समझ में आ रहा था उसे।

किशनगंज से सब किसी तरह दिल्ली पहुँचे। राहुल शालू के सर्टिफिकेट लेकर आया था। पहले से कोर्ट में अप्लाई करना होता है। जब डेट आ जाएगी तो शालू दीदी से मिलने के बहाने दिल्ली आ जाएगी, और फिर...

''पहले आर्य समाज मन्दिर में शादी होगी। फिर तीस हजारी में कोर्ट मैरिज। लड़की का गार्जियन बनेगा गोपी। हम सब उसके पाँव छुएँगे।'' संजय चहक रहा था। सारी तैयारी कर रखी थी उसने।

''यहाँ दिल्ली में तेरा गैंडा साला कुछ करेगा तो! कटिहार में तो उसे कम्बल ओढ़ाकर मारा था। यहाँ तो उसके पीछे काले कुत्ते, नहीं, नहीं, इस गोपी को छोड़ दूँगा। साला गैंडा! दौड़ते-दौड़ते वापस कटिहार पहुँच जाएगा।''

राहुल का दिल धड़क रहा था। मन में कई तरह के खयाल आ रहे थे लेकिन सब तरह के जज्बातों को दबाकर वह पढ़ रहा था। आखिरी चांस है। इस बार चूके तो फिर जिन्दगी भर के लिए गए। शालू पीटी के बाद दिल्ली आ रही थी। घरवालों को शक तो हो रहा था, लेकिन जब उसने कहा कि

पापा और भैया के जेल से छूटने पर उसने वैष्णो देवी की मनौती माँगी है तो किसी ने कुछ नहीं कहा। वैष्णो देवी वाला आइडिया संजय का था।

''आस्था और अन्धविश्वास तर्क के ऊपर हरदम भारी साबित हुआ है दोस्त। समझदार लोग किसी के आस्था के साथ खिलवाड़ नहीं करते हैं बल्कि उनकी आस्था को हथियार बनाकर उन्हें भगवान के करीब पहुँचाते हैं। मोहब्बत से बड़ा भगवान कुछ नहीं होता दोस्त।''

पीटी का स्कोर देखकर सबकी आँखें चौंधिया गईं।

''अबे! साले, सारी किताब चाट गया था क्या?''

राहुल की तैयारी देखकर सब आश्वस्त थे। श्याम भैया कहते थे, ''देख लेना इस बार प्रॉपर आईएएस निकालेगा राहुल। क्या लिखता है!''

''एकदम टू द प्वाइंट...और ये साला गोपी...'' संजय कब मौका चूकने वाला था।

रूम में जबरदस्त ठहाका लगा। संजय भी एग्जाम दे रहा था। पिछली बार उसे आईआरएस मिला था लेकिन वो आईपीएस चाहता था। एक ही शहर में तू डीएम और मैं एसपी।

राहुल कोई नया ख्वाब नहीं देखना चाहता था। पहले उसकी मोहब्बत अंजाम तक पहुँच जाए, फिर फुरसत में बाकी ख्वाब देखेंगे।

पिछली रात शालू दिल्ली आ चुकी थी। सारा प्लान पहले से सेट था। परसों उसे सुबह-सुबह आर्य समाज मन्दिर पहुँचना था। इधर ये लोग पहले से वहाँ मौजूद रहेंगे। पंडित जी से सारी बात हो चुकी थी। शादी के बाद वह वापस दीदी के पास लौट जाएगी। सिन्दूर पोंछने के नाम पर वह काँप उठी थी। बड़ी मुश्किल से राहुल ने इसके लिए राजी किया। बस, एक बार कोर्ट मैरिज हो जाए तो फिर सब लफड़ा खत्म।

''तेरी ससुराल से एक रैक वाइन की लाऊँगा। टंकी में भरकर आराम से उसी में बैठा रहूँगा।'' गोपी उत्साह से भरा हुआ था।

राहुल अजीब तनाव में था। दिल धड़क रहा था। कभी शालू से मिलने की खुशी, कभी इस बात का अफसोस कि उसकी जिन्दगी की सबसे बड़ी खुशी में उसके परिवार का कोई नहीं है। माँ को कितना अरमान था अपनी पसन्द की बहू उतारने का।

शालू के मन में भी यही सब कुछ चल रहा था। राहुल को पता था कि शालू अपने घर-परिवार को बहुत चाहती है। अपने पिता और भैया को खुद बुरा-भला कहती थी, लेकिन राहुल मजाक में भी कुछ कहता था तो भड़क

उठती थी। कितना रोई थी उस बार जब राहुल ने संजय के साथ मिलकर उसके भाई को मारा था। अगर उसे ये पता चल जाता कि उसके पापा और भाई के जेल जाने के पीछे राहुल का हाथ है तो पता नहीं क्या करती? रात को सोते समय शालू के खयालों में ही खोया रहा राहुल।

'गोइंग टू बागडोगरा, पापा हार्ट अटैक...'
सुबह उठकर जब राहुल ने मोबाइल उठाया तो शालू का मैसेज देखा। सन्न रह गया वह।

"कोई हार्ट अटैक नहीं हुआ है। जरूर उन लोगों को पता चल गया है। शालू को वापस बुलाने की चाल है ये।" संजय दावा कर रहा था।

राहुल कुछ समझ नहीं पा रहा था, "लेकिन कैसे पता चलेगा उन्हें?" राहुल पागल हो रहा था...

"जरूर तेरी महबूबा ने कुछ मिस्टेक किया होगा। उन लोगों को डाउट तो पहले से था। वॉच कर रहे होंगे।"

इमोशनल मिस्टेक हुआ था शालू से। दो साल पहले उसने एक लहँगा-चुनरी राहुल को दिखाया था। कहा था, जब हम दोनों की शादी होगी तो इसी तरह का लहँगा-चुनरी पहनूँगी। बचाए हुए रुपयों से राहुल दूसरे दिन उस लहँगा-चुनरी को लेकर पहुँच गया था उसके पास। शालू वही लहँगा-चुनरी लेकर दिल्ली आ गई थी। उसी लहँगा-चुनरी पर नजर पड़ गई थी उसकी दीदी की। "वैष्णो देवी जाने में लहँगा-चुनरी का क्या काम?" डाउट तो पहले से था। तुरन्त घर पर फोन मिलाया। फिर सबने सोचा कि दिल्ली में कुछ करने से मामला बिगड़ सकता है। किसी तरह शालू को वापस घर बुलाया जाए और उसी के बाद पापा के हार्ट अटैक की झूठी खबर शालू तक पहुँचाई गई।

राहुल का दिमाग एकदम ठप्प। शालू का मोबाइल स्विच ऑफ था। सारे दोस्त आर्य समाज मन्दिर जाने के लिए रूम पर पहुँच गए थे बाराती बनकर लेकिन यहाँ दुल्हन ही गायब!

राहुल कटिहार में सुजीत से बात कर रहा था।

"पता कर कि क्या वाकई हार्ट अटैक आया है, या कोई चाल है? अगर हार्ट अटैक आया होगा तो कटिहार के किसी अस्पताल में भर्ती होंगे। तुरन्त पता चल जाएगा।"

किसी अस्पताल में भर्ती नहीं हुए थे शालू के पापा। बस, इतना पता चला कि उनकी तबीयत खराब है।

"अबे, जिस बाप की जवान बेटी घर से भागकर शादी कर रही हो, उसकी तबीयत खराब नहीं होगी तो क्या होगा! देख लेना, बाद में हार्ट अटैक की बात झूठी निकलेगी। जरूर शालू को इमोशनली ब्लैकमेल करने की चाल है ये।" संजय ने फिर दावा किया।

राहुल अजीब उलझन में था। रात में सोते समय सात फेरे के ख्वाब देख रहा था, लेकिन सुबह...और ये शालू का फोन क्यों स्विच ऑफ आ रहा है? सिर पकड़कर बैठ गया वह। मेन्स के बुक्स फिर अपनी बदहाली पर रोने लगे।

तीसरे दिन शालू का फोन आया। घरवालों से बचाकर उसने फोन किया था। बिलख रही थी, "घर में कोई मुझसे बात नहीं कर रहा है। सब मुझे ही पापा की खराब तबीयत का जिम्मेदार मान रहे हैं। नफरत की नजरों से देख रहे हैं सब मुझे। कह रहे हैं कि अगर मैंने दूसरे कास्ट में शादी कर लिया तो छोटी बहन की शादी नहीं होगी।"

राहुल हार्ट अटैक की सच्चाई के बारे में पूछना चाह रहा था, लेकिन शालू मौका ही नहीं दे रही थी। बस, रोए जा रही थी।

"मुझे भूल जाओ राहुल, हमारी तकदीर में मिलना नहीं लिखा है। अब मैं किसी से शादी नहीं करूँगी।"

फिल्म होती तो इस प्वाइंट पर गाना चालू हो जाता— *खुश रहे तू सदा...ये दुआ है मेरी...बेवफा ही सही, दिलरुबा है मेरी...* लेकिन यह राहुल की असल जिन्दगी का सवाल था।

"पागल हुई हो क्या? ये सोचती हो कि मेरा क्या होगा?"

"कुछ नहीं होगा, राहुल। धीरे-धीरे सब कुछ ठीक हो जाएगा। मेरा राहुल एक दिन बहुत बड़ा आदमी बनेगा..."

"खाक बड़ा आदमी! तुम्हारे बिना बर्बाद हो जाएगा वह।"

"नहीं, कुछ नहीं होगा। ईश्वर सब ठीक करेंगे। राहुल को मुझसे अच्छी लड़की देंगे। वो राहुल को प्यार देगी, मेरी तरह दर्द नहीं..."

"पागल मत बनो। मैं सब कुछ ठीक कर लूँगा।"

"नहीं राहुल, अब कुछ मत करो...बस अपने मेन्स पर फोकस करो। मुझे पता है, तुम्हारे ऊपर बहुत जिम्मेदारी है। माँ-पापा को देखना है, छुटकी की शादी करनी है। अपने आपको बर्बाद मत करो। प्लीज, मुझे माफ कर देना, राहुल।"

रोते-रोते फोन डिस्कनेक्ट कर दिया शालू ने। राहुल बावला हो रहा था। तीन दिन में ये क्या हो गया? उसकी पूरी दुनिया ही लुट गई...जब कभी वह शालू को फोन करता, उसका फोन स्विच ऑफ आता। एक-दो बार लैंडलाइन

पर कॉल किया, लेकिन कभी भी शालू ने फोन नहीं उठाया। दूसरे की आवाज सुनते ही राहुल फोन रख देता था।

'अब तू कुछ नहीं कर सकता है, राहुल। शालू को इमोशनली ब्लैकमेल करने में सक्सेस हो गए वो लोग।' दिल के किसी कोने से आवाज आई।

''देख राहुल, शालू को फिर से तैयार करने में बहुत टाइम लगेगा। तुझे कटिहार जाना होगा। आमने-सामने बैठकर समझाना होगा। फिलहाल उतना टाइम नहीं है तेरे पास। मेन्स में बस एक महीना बचा है।'' श्याम भैया समझा रहे थे।

''और ये सोच, अगर तू इस बीच यूपीएससी क्रैक कर ले गया तो फिर इसी शालू का पापा तेरे पैर पकड़कर अपनी बेटी तुझे देगा। तब कोई हार्ट अटैक नहीं आएगा उसे। छोटी बेटी की शादी में कोई दिक्कत नहीं होगी। ये साली दुनिया बड़ी कुत्ती चीज है, दोस्त! मत बर्बाद कर अपने आपको।''

राहुल सिर हिला रहा था। समझ रहा था सारी बात। दिल में आ रहा था कि सब कुछ भूलकर मेन्स पर फोकस करूँगा। लेकिन कहीं इसी बीच शालू की शादी हो गई तो? ये खयाल आते ही दिल बैठने लगता था उसका।

''श्याम भैया को देख। इनकी गर्लफ्रेंड ने इनको धोखा दिया। आईआरएस निकल गया तो ठेंगा दिखाकर पतली गली से निकल गई।'' संजय उसकी सोच को अलग दिशा देना चाहता था।

''यही तो रोना है, दोस्त। श्याम भैया की गर्लफ्रेंड बेवफा थी। शालू बेवफा नहीं है, बेवकूफ है, इमोशनल है। उसको इमोशनली ब्लैकमेल कर रहे हैं सब। बेवफा होती तो मैं उसे दिखा देता कि ये राहुल कितनी कुत्ती चीज है।''

संजय जानता था इस बात को। बचपन से दोनों को जानता था। राहुल उसका जिगरी यार था तो शालू जिगरी यार की महबूबा। छल-कपट से दूर। दुनियादारी के दाँवपेच से अनजान। अपनी नासमझी में कई बार फँसा देती थी राहुल को, लेकिन दिल से उसकी मोहब्बत की कद्र करता था संजय। कितनी बार उसका पक्ष लेकर राहुल से लड़ा था वह, लेकिन अभी शालू को दिल से कोस रहा था। राहुल को तिल-तिलकर मरते देख रहा था वह।

राहुल के टैलेंट का कायल था संजय। दिल का एकदम साफ और दिमाग का जबरदस्त शार्प। और उसकी पारखी नजरें—''नजरों से तौल लेता हूँ मैं किसी को'', कॉलेज के दिनों में यह उसका फेमस डॉयलाग हुआ करता था। 100 रुपए की बाजी जीती थी उसने संजय से। दोनों कॉलेज के फील्ड में बैठे हुए थे। दूर एक लड़की सिर घुमाकर खड़ी थी। उसका चेहरा नहीं दिख रहा था। संजय ने कहा था कि प्रिया है। राहुल का दावा था कि नहीं, ये नेहा है। शर्त लग गई थी 100-100 रुपए की। लड़की नेहा ही निकली!

''बेटे, लड़की का चेहरा देखकर तो तुम्हारे जैसे मूर्ख पहचानते हैं। लेकिन राहुल जैसे ग्रेट तो...''

संजय किलसकर रह गया था। राहुल को मजा चखाने के लिए शालू के पास पहुँच गया।

''100 रुपए दो तो राहुल की एक खास बात बताऊँगा।''

शालू कुछ समझ नहीं पाई, लेकिन उसने पर्स से पैसे निकालकर दे दिए। संजय ने शालू को सारी बात बता दी और वही 100 रुपए राहुल को दे दिए। राहुल उसे एक घंटे तक मारने के लिए दौड़ाता रहा। कॉलेज के दिनों में कितना मस्ती मारते थे तीनों। संजय और शालू राहुल की टाँग खींचने के लिए एक हो जाते थे, लेकिन अकेला राहुल दोनों पर भारी पड़ता था।

संजय की आँखों में नमी आ गई। पुराने दिनों की खुशहाल यादें और आज का राहुल! चेहरा देखने से दया आ जाती है।

''अगर शालू के साथ उसके घरवाले जोर-जबरदस्ती करते तो मैं चीर-फाड़कर सुखा देता सबको।''

राहुल की हिंसक आवाज सुनकर वर्तमान में लौटा संजय। जानता था वह इस बात को। जब तक उसने शालू के भाई से अपना बदला नहीं चुकाया था, तब तक वह गुर्राता रहता था। बचपन से किसी की जोर-जबरदस्ती के आगे नहीं झुकता था राहुल।

''लेकिन यहाँ क्या करूँ मैं, संजय? शालू को उसके घरवाले इमोशनली ब्लैकमेल कर रहे हैं। वह अपने घर-परिवार को बहुत चाहती है। इसी का नाजायज फायदा उठा रहे हैं सब। सब उसके जज्बातों से खेल रहे हैं।''

''देख दोस्त, फिलहाल तू कुछ नहीं कर सकता। 15 दिन बाद तेरा मेन्स शुरू हो रहा है। तेरे पास इतना टाइम नहीं है कि तू बैठकर शालू का ब्रेनवॉश करे। सब कुछ भुलाकर मेन्स दे। आखिरी चांस है ये तेरा। और फिर ये भी सोच कि क्लिक कर गए तो फिर सब कुछ ठीक हो जाएगा। शालू के घरवालों का भी सारा प्रॉब्लम सॉल्व। न कास्ट प्रॉब्लम, न छोटी सिस्टर का मैरिज प्रॉब्लम। आईएसएस दामाद को बेटी देकर खुश होंगे वो साले!''

राहुल संजय की बातों से पूरी तरह सहमत था। उसे भी लग रहा था कि अगर वह फाइनली सेलेक्ट हो जाता है तो सब कुछ ठीक हो जाएगा। लेकिन शालू को खोने का अहसास उसे तोड़ देता था। बेचैन हो उठता था वह।

''लेकिन दोस्त, यह तो तय है कि शालू के घरवाले अब सब कुछ जानने के बाद खामोश नहीं बैठेंगे। वह पहला मौका मिलते ही शालू की शादी करेंगे और यहाँ मेन्स खत्म होने में एक महीने का वक्त है।''

संजय राहुल की बात को काट नहीं पाया। उसे भी यही लग रहा था कि शालू के घरवाले इसी बीच में उसकी शादी कर देंगे। राहुल की बात सुनकर वह खामोश हो गया।

''करूँ तो क्या करूँ मैं?'' राहुल ने अपने सिर को कसकर पकड़ लिया। संजय का भी दिमाग कुछ काम नहीं कर रहा था। काफी देर बाद उसे एक आइडिया आया।

''राहुल ऐसा कर, एक बार किसी तरह शालू से बात कर। उसको बोल कि वो बस तेरे मेन्स तक अपनी शादी को रोके। किसी भी कीमत पर रोके। उसके बाद जो होगा देखा जाएगा। सब दोस्त चलेंगे कटिहार। देखा जाए कि आखिर शालू के पापा कितनी बड़ी तोप हैं।''

''लेकिन शालू से कैसे बात करूँ। उसका फोन तो ऑफ है। जरूर उसके गैंडे भाई ने उसका फोन छीन लिया होगा और उस पर 24 घंटे की निगरानी बैठा दी होगी।''

''सुजीत से बात कर। वो कुछ जुगाड़ लगा लेगा।''

सुजीत ने सॉलिड जुगाड़ लगाया। शालू के घर काम करनेवाली दाई को 500 रुपया थमाया और एक मोबाइल शालू के पास पहुँचा दिया। पहला मौका मिलते ही शालू ने राहुल को फोन किया। लगातार रोए जा रही थी वह।

''शालू, प्लीज, चुप हो जाओ। अभी कुछ नहीं बिगड़ा है। सब ठीक हो जाएगा। बस तुम किसी तरह मेन्स तक शादी मत होने देना।''

शालू कुछ नहीं बोल रही थी। बस रोए जा रही थी। काफी देर बाद राहुल चुप करा पाया उसे।

''लेकिन राहुल, मेन्स के बाद क्या होगा? सिचुएशन तो वही होगी जो आज है।''

''नहीं शालू, तब तक मैं अपना मेन्स दे लूँगा शालू। अपना मेन्स। लॉस्ट चांस है मेरा। प्लीज समझो शालू। मैं लास्ट चांस पूरी ईमानदारी से देना चाहता हूँ। तुम्हारे बाद लालबत्ती ही मेरी जिन्दगी का सबसे बड़ा ख्वाब रहा है।'' आवाज भर्रा उठी राहुल की।

''राहुल, प्लीज, कंट्रोल!''

''कैसे कंट्रोल करूँ शालू? कैसे कंट्रोल करूँ? तू इस बात को समझ क्यों नहीं रही है कि जैसे ही मुझे लगता है कि तू मुझसे बिछड़ जाएगी, मैं पागल हो जाता हूँ। नोट्स की तरफ देख भी नहीं पाता हूँ। पिछली बार भी यही हुआ था, इस बार भी यही हो रहा है। हाथ में आई कामयाबी मेरे हाथ से फिसल रही है।''

फफक पड़ा राहुल। शालू उसे चुप कराने की कोशिश करती रही।

''शालू, मैं लास्ट चांस ठीक से देना चाहता हूँ। बॉर्डर लाइन का केस है मेरा। सब कह रहे हैं कि अगर मैं ठीक से एग्जाम दूँ तो मेरा सेलेक्शन तय है। मुझे भी यही लग रहा है। लेकिन मेरी प्रॉब्लम...''

''प्लीज राहुल, अब आगे कुछ मत बोलो। मैं तुम्हारी प्रॉब्लम समझ गई। तुम निश्चिन्त रहो। मैं किसी कीमत पर शादी नहीं होने दूँगी।''

राहुल चौंका—''क्या करोगी? कैसे रोकोगी?''

''पचास तरीके हैं शादी रोकने के। लड़के वालों से मैं साफ-साफ कह दूँगी कि मैं किसी और से प्यार करती हूँ। क्या करेंगे भैया-पापा। मारेंगे-पीटेंगे। मारें। ज्यादा तंग करेंगे तो छत से कूद जाऊँगी।''

''नहीं, नहीं, छत से कूदने की कोई जरूरत नहीं है।'' राहुल तेजी से बोला। ''ऐसी नौबत आए तो मुझे फोन कर देना। मैं मैनेज कर लूँगा।''

''तुम छोड़ो राहुल इस प्रॉब्लम को। ये मेरी प्रॉब्लम है। तुम निश्चिन्त रहो, मैं किसी सूरत में अपनी शादी नहीं होने दूँगी। तुम इधर से बेफिक्र होकर एग्जाम दो।''

शालू की आवाज में गजब का कॉन्फिडेंस झलका। कई बार उसके मन में खयाल आया था कि उसकी वजह से राहुल का कैरियर खराब हो रहा है। इस चीज को लेकर गिल्ट कॉन्सस की शिकार हो चुकी थी वह। लेकिन हर बार दिल के हाथों मजबूर हो जाती थी। फोन करके राहुल को डिस्टर्ब कर देती थी। लेकिन अब नहीं। अब जब राहुल ने खुलकर अपनी बात बताई तो वह मजबूती से उसके साथ खड़ी हो गई।

''राहुल, तुम मेरी तरफ से बेफिक्र रहो। सब कुछ भुलाकर अपना एग्जाम दो। अपने कैरियर को बर्बाद मत करो। इधर मैं सब सँभाल लूँगी, बिलीव मी...''

राहुल खामोशी से उसकी बात सुन रहा था। बदली-बदली-सी लग रही थी शालू। आत्मविश्वास से भरपूर आवाज।

''राहुल, तुम्हारी कसम! मैं किसी सूरत में अपनी शादी नहीं होने दूँगी। अब तुम सब कुछ भूलकर एग्जाम दो। लालबत्ती मिल गई तो वैसे ही सारी प्रॉब्लम खत्म। नहीं भी मिली तो कोई बात नहीं। तब भी हम दोनों शादी करेंगे। तुम पूरी तरह निश्चिन्त रहो राहुल।''

बेचैन राहुल को अजीब-सी शान्ति मिली। कुछ देर और बात करने के बाद उसने फोन रख दिया। दोनों ने तय किया था कि मेन्स खत्म होने तक अब बात नहीं करेंगे। हाँ, इस बीच में अगर कुछ खास हो गया तो फिर जरूर बात करेंगे। संजय पूरी बात सुनकर खुशी से उछल पड़ा।

"ये हुई न बात! साले, मैं शुरू से कहता था कि शालू तुमसे ज्यादा समझदार है, अच्छी है। बस, तू अपनी प्रॉब्लम ठीक से उसके सामने रख। खैर, छोड़ अब इन बातों को। चल नोट्स निकाल।"

राहुल और संजय जी-जान से मेन्स की तैयारी में जुट गए। राहुल सब कुछ भुलाकर किताबों की दुनिया में खो चुका था। शालू का खयाल आता भी था तो सिर झटक देता था। अच्छी तैयारी चल रही थी। पहले भी दो बार मेन्स निकाल चुका था। इस बार मेन्स में ज्यादा नम्बर लाना चाहता था ताकि इंटरव्यू में कम नम्बर भी आए तो फाइनल लिस्ट में उसे जगह मिल जाए।

जीएस का पेपर काफी अच्छा गया था राहुल का। संजय और श्याम भैया काफी खुश थे। कह रहे थे कि अगर ऑप्शनल ठीक-ठाक भी चला जाए तो जीएस मेंटेन कर लेगा। हिस्ट्री का पेपर भी अच्छा गया उसका।

"एकदम टू द प्वाइंट जवाब दिया है दोस्त ने।" संजय बहुत दिनों बाद चहक रहा था, "इस बार दोस्त को कोई माई का लाल नहीं रोक पाएगा। बस एक सेकंड ऑप्शनल बचा है। फिर एक ही शहर में दोस्त डीएम और मैं एसपी। पूरे शहर में अपनी हुकूमत।"

राहुल ये सब कुछ नहीं सोचना चाहता था। दूसरे ऑप्शनल की तैयारी में जुट चुका था। सात दिन का गैप है और केवल एक सब्जेक्ट पढ़ना है। अच्छी तरह रिवीजन हो जाएगा। एक बार मेन्स खत्म हो जाए। फिर चलूँगा कटिहार...

सिर झटककर शालू के खयालों से निकला राहुल। बस, एक वीक और। अगले रविवार को सेकंड ऑप्शनल का पेपर है और उसके बाद दुनिया उसके कदमों में। मेन्स में ही इतने अच्छे नम्बर ले आने हैं कि इंटरव्यू का लोचा ही नहीं रहे। बोर्ड चाहे कितना भी कम नम्बर दे, लेकिन सेलेक्शन होना तय। और उसके बाद शालू का बाप।

"देख लूँगा ससुरे को। कैसे नहीं देता है अपनी बेटी का हाथ..."

"अबे, तू हाथ की बोलता है। सम्पूर्ण शरीर का दान करेगा तेरा ससुरा। विधिवत कन्यादान। ससुरे को आईएएस दामाद मिलेगा। लालबत्ती गाड़ी में घूमने का मौका मिलेगा! खानदान का गदहा-जन्म छूट जाएगा। सोसाइटी में रुतबा बढ़ जाएगा। उस समय तो ये अपनी छोटी बेटी भी तेरे हवाले कर देगा। दामाद जी ने बहुत मेहनत की है। सूखकर छुहारा हो गए हैं। एक बेटी दिन में सेवा करेगी, दूसरी..."

शालू की छोटी बहन को लेकर बहुत मजाक करता था संजय। कहता था, इस यूपीएससी ने तेरा इतना दम निकाल दिया है कि तू साली को कभी आधी घरवाली बनाकर नहीं रख पाएगा। बीवी को सँभाल ले वही बहुत है।

साली को मेरे जिम्मे दे देना। वो आधी घरवाली और मैं तेरा आधा भाई। दोनों मिलकर एक हो जाएँगे। साली के मामले में कोई शिष्टाचार नहीं दिखाता था संजय। शालू को लेकर कभी नॉनवेज मजाक नहीं करता था, लेकिन उसकी बहन के मामले में कोई रियायत नहीं।

वैसे भी संजय नॉनवेज का इन्साइक्लोपीडिया था। खुराफाती भी उतना ही था। एक बार कानपुर से ट्रेन खुली तो कॉपी पेन लेकर खिड़की के पास बैठ गया। ट्रेन से दिखनेवाले हर हकीम वैद्य का नम्बर कॉपी पर। फुरसत के समय फोन करता। फ्री का फोन लेकर। और गुप्त रोगों की ऐसी-ऐसी समस्या! तौबा, तौबा! एक हकीम तो उसकी आवाज सुनकर फोन रख देता था। एक दो बेचारे उसकी गलती सुधारने की कोशिश करते तो तबाह हो जाते। हर हफ्ते नई समस्या। बेचारे हकीमों ने कभी सोचा भी नहीं होगा कि किसी मर्द को ऐसी समस्या आ सकती है। एक बेचारे ने एक बार कॉल बैक किया तो बरेली के एसपी ने फोन उठाया। श्याम भैया के दोस्त हैं वो। उस दिन उन्हीं का फोन संजय के हाथ लग गया था। बेचारे हकीम को लगा कि जरूर किसी जिन्न की छाया उस पर पड़ गई है। दूसरे का इलाज छोड़कर महीनों अपना झाड़-फूँक कराता रहा। संजय अक्सर गोपी को छेड़ता रहता था, ''आपकी गलतियों की सजा आपकी बीवी क्यों भुगते? अपनी गलती सुधारकर जिन्दगी सँवार लें। वरना...आपकी बीवी संजय के पास।''

रूम से बाहर निकला राहुल। संजय को नोट्स की दुनिया में छोड़कर। हर रविवार को वह घर पर बात करता था। इस एक दिन बात हो जाती है तो पूरे हफ्ते का कोटा पूरा। कैसे लोग घर-परिवार से कटकर रह जाते हैं? राहुल सोचा करता था। उसकी तो जिन्दगी घर से शुरू से होती थी, वहीं पर खत्म। कुछ भी करने की सोचता तो सबसे पहले घर का खयाल आता। माँ ने फोन उठाया। परेशान लग रही थी वह।

''क्या हुआ माँ! तुम परेशान क्यों हो?''

''नहीं, नहीं, मैं परेशान नहीं हूँ। बस ऐसे ही...''

''माँ, सच-सच बताओ, बात क्या है?''

''कोई बात नहीं है बेटा, तेरा पेपर कैसा गया?''

''पेपर की बात छोड़ो माँ, पहले ये बताओ तुम परेशान क्यों हो? छोड़ो, तुम नहीं बताओगी, पापा को फोन दो।''

लेकिन पापा ने भी कुछ नहीं बताया। बस, अगले हफ्ते ठीक से पेपर देने की सलाह दी। भैया-भाभी ने भी राहुल को कुछ नहीं बताया। सबने उससे

ठीक से पेपर देने के लिए कहा। लेकिन राहुल का दिल दहल रहा था। सबकी आवाज भारी थी। सब अन्दर से परेशान थे, लेकिन किसी ने कुछ नहीं बताया। जरूर कोई खास बात है। बार-बार उसके मन में खयाल आ रहा था। संजय ने पूरी बात सुनी तो भड़क उठा।

''तुम साले, पत्ता खड़का, बन्दा भड़का। खामख्वाह परेशान हो रहे हो। होगी कोई घर-परिवार की बात।''

''नहीं संजय, सब परेशान थे। डरी हुई आवाज लग रही थी माँ की। जरूर कोई बात है। लेकिन क्या बात हो सकती है?''

ज्यादा देर तक दिमाग लगाने की जरूरत नहीं पड़ी राहुल को। थोड़ी देर बाद मोबाइल की घंटी बजी और दूसरी तरफ की दहाड़ती आवाज ने पिक्चर साफ कर दी। शालू का भाई था। गैंडा!

''आज तुम्हारे घरवालों को समझाकर आया हूँ। अब भी समय है। मेरी बहन की जिन्दगी से हट जाओ, नहीं तो पूरे खानदान को साफ कर दूँगा।''

''क्या...!'' राहुल भौंचक्का रह गया गैंडे की धमकी सुनकर, ''नौबत यहाँ तक आ पहुँची!''

''आखिरी बार समझा रहा हूँ। इसके बाद समझाऊँगा नहीं। आज तो बूढ़े के मुँह में सिक्सर डाल दिया था। बस, ट्रिगर दबाने की देर थी। छह गोलियाँ अन्दर चली जातीं और तेरा बाप सीधे ऊपर।''

''क्या! तुम मेरे घर पर गए थे?'' राहुल चिल्लाया।

''हाँ, सोचा था कि आज ही सब राफ-साफ कर दूँगा, लेकिन फिर सोचा, तुझे लास्ट चांस दे दूँ। खामोशी से शालू की जिन्दगी से हट जाओ, नहीं तो पहले तेरे पूरे खानदान को साफ करूँगा और उसके बाद तुझे।''

''साले, कुत्ते, कमीने, तेरी ये मजाल, तू मेरे घर पर गया था! पापा पर सिक्सर ताना था तूने!'' अचानक राहुल फट पड़ा, ''साले, आने दे कटिहार, तेरी तो वो हालत करूँगा कि तुझे पैदा करनेवाली माँ भी नहीं पहचान पाएगी। पहले तो कम्बल ओढ़ाकर मारा था, इस बार तो साले तुझे...''

''अच्छा तो वो तुम थे!'' आज गैंडे को पता चला कि सात साल पहले उसे कम्बल ओढ़ाकर पीटनेवाला कौन था?

''हाँ, साले, मैं ही था।''

संजय हक्का-बक्का रह गया। राहुल की बात सुनकर उसने माजरे का अन्दाजा लगा लिया। लपककर राहुल के हाथ से फोन छीना। शालू के भाई को जानता था वह, गैंडा भी उसे जानता था।

''देखिए, आप शान्त हो जाइए। राहुल यहाँ दिल्ली में है। आपकी बहन आपके पास है। फिर इस तरह आपको गाली-गलौज करने का कोई तुक नहीं है।''

संजय ने गैंडे को समझाने की कोशिश की, लेकिन गैंडा कुछ सुनने के लिए तैयार नहीं था।

"संजय, मैं वो सब कुछ नहीं जानता हूँ। बस, अपने दोस्त को समझा देना कि वह शालू से दूर रहे, वरना उसकी खैर नहीं। उसके खानदान की खैर नहीं।"

"क्या करेंगे आप?" गैंडे से बात करते हुए संजय तेजी से मोबाइल के बटनों से खेल रहा था।

"काट दूँगा, साले का खानदान खत्म कर दूँगा। आज ही उसके पापा के मुँह में सिक्सर डाल दिया था।"

"रहने दीजिए इस तरह की गीदड़भभकी, जिन्दगी में कभी मच्छर भी मारा है आपने?"

"मच्छर, अभी पिछले महीने ही..."

एक के बाद एक अपने तीन-चार क्राइम की बात बता गया गैंडा। संजय का चेहरा चमक रहा था, वह खुश होकर उसकी बात सुन रहा था। बीच-बीच में उसे और भड़का रहा था लेकिन राहुल को कुछ समझ में नहीं आ रहा था। ये गैंडा खुलेआम धमकी दे रहा है और संजय खुश हो रहा है। उसने संजय के हाथ से फोन लेने की कोशिश की, लेकिन संजय ने उसे फोन नहीं दिया। गैंडे से बात करने के बाद उसने फोन डिस्कनेक्ट कर दिया।

"अब देख राहुल, इस साले की मैं कैसे बैंड बजाता हूँ?"

"मतलब, क्या करेगा तू!"

"कुछ नहीं, बस, तू देखता तो रह।"

संजय ने वापस गैंडे को फोन लगाया। 'हैल्लो' सुनते ही संजय ने मोबाइल का टेपरिकॉर्डर ऑन कर दिया। गैंडे ने जो धमकी दी थी और उसने अपने तीन-चार क्राइम के बारे में जो जाँबाजी के तौर पर बताया था, उसने सब संजय ने टेप कर लिया था। अब वही सब बात वह फोन पर सुन रहा था। चेहरे पर पसीना छलक आया।

"सुन लिए बेटे, सारी बात! अगर ये सारी बात पुलिस के पास पहुँच जाए तो सीधे फाँसी के फन्दे पर।"

गैंडा को काटो तो खून नहीं। अपने जुर्म को अपने मुँह से कबूल कर लिया था उसने। फाँसी का फन्दा आँखों के आगे घूम गया। सिर चकराने लगा उसका। जहाँ खड़ा था, वहीं बैठ गया। दूसरी तरफ से संजय की आवाज आ रही थी।

"देख बेटा, नो लटपट एंड क्लियर कट...अब आगे से राहुल या उसके परिवार के बारे में कुछ सोचने से पहले इस टेप की बात सोच लेना। उम्मीद

है, गोदाम में खाद रखते-रखते तुमने अपना दिमाग गोदाम में नहीं रखा होगा। बॉय!''

राहुल ने चैन की साँस ली। संजय को गले लगा लिया।

''थैंक्यू दोस्त, थैंक्यू!''

''साले, थैंक्यू बाद में बोलना, पहले नोट्स निकाल। नेक्सट वीक पेपर है। आखिरी पेपर। ये ऊपरवाला भी कितनी परीक्षा लेगा हम लोगों की। हर बार कुछ-न-कुछ लोचा।''

अगले दो दिनों तक कोई लोचा नहीं हुआ। राहुल और संजय सब कुछ भुलाकर नोट्स की दुनिया में खोए रहे। रूम से बाहर तक नहीं निकले दोनों, लेकिन तीसरे दिन के पहले कॉल ने राहुल की दुनिया ही बदलकर रख दी। सुजीत था दूसरी तरफ।

''पार्टनर, तुझे डिस्टर्ब तो नहीं करना चाहता था, लेकिन खबर ही ऐसी है कि तुझे बताना जरूरी समझा।''

''क्या?'' राहुल अन्दर से दहल उठा।

''तेरी शालू की शादी है अगले संडे!''

राहुल को लगा कि कोई बड़ा-सा पहाड़ उसके सिर के ऊपर गिर गया है। दो सेकंड के लिए लगा कि धड़कन रुक गई। शालू की शादी! पागलों की तरह फोन लगाया उसने शालू को लेकिन उसका मोबाइल स्विच ऑफ आ रहा था। सुजीत ने जो मोबाइल उसके पास भिजवाया था, वह भी स्विच ऑफ था। आखिर में लैंडलाइन पर फोन किया। किसी नौकर ने उठाया। मैडम के बारे में पता नहीं। 'आप कौन' का सवाल सुनते ही राहुल ने फोन काट दिया। बावला हो रहा था वह। अचानक चिल्लाते हुए मोबाइल उठाकर उसने दीवार पर पटक दिया।

मोबाइल टूटने की आवाज से संजय की नींद खुली। राहुल का चेहरा देखकर वह दंग रह गया। लाल चेहरा। मानो पूरे शरीर का खून चेहरे पर आ गया हो।

''राहुल...राहुल, क्या हुआ...सब ठीक तो है?''

राहुल उसी तरह बैठा रहा। बुत की तरह! संजय उसकी हालत देखकर घबरा गया।

''अबे, क्या हुआ! बोलता क्यों नहीं है? क्या हो गया साले तुझको? क्या शालू छोड़कर भाग गई?''

''हाँ...''

''क्या?''

''सही कह रहा हूँ...''

"क्या 'सही कह रहा हूँ'?"

"शालू छोड़कर जा रही है।"

"क्या बकवास कर रहा है तू? क्या हो गया है तुझको?"

"सच कह रहा हूँ, दोस्त। शालू अब मेरी नहीं रही..."

"अबे साले, बकवास बन्द कर। पूरी बात बता।"

राहुल को जितना पता था, बता दिया। अटकते हुए, रोते हुए...

"लेकिन ऐसा कैसे हो गया? शालू ने कसम खाई थी तेरी, फिर!"

"वही तो समझ में नहीं आ रहा है! ऐसा कैसे कर सकती है वो?"

"कहीं सुजीत की इन्फॉर्मेशन गलत तो नहीं?"

संजय ने सुजीत को फोन लगाया।

"खबर सही है संजय। बनमनखी के एक्स एमएलए के बेटे से शादी तय हुई है। लड़का ठेकेदार है। दर्जनों कोच चलते हैं। वही सँभालता है। उस एरिए में दबदबा है उसका। रविवार को शादी है। उसी दिन तिलक भी। शादी बनमनखी में ही होगी। शालू का पूरा परिवार वहाँ पहुँच भी चुका है।"

संजय सन्न रह गया। तकदीर क्या खेल खेल रही है राहुल के साथ? हर बार जाम लबों तक आकर फिसल जा रहा है। चार दिन का मामला बचा है। चार दिन बाद लास्ट पेपर। उसके सारे पेपर इतने अच्छे गए हैं कि इस बार फाइनल लिस्ट में उसका नाम आना तय है, लेकिन लास्ट पेपर से पहले ऐसा इमोशनल लोचा!

संजय समझ नहीं पा रहा था कि कैसे समझाए वह राहुल को। बचपन का दोस्त है वह राहुल का। शुरू से देखा है उसकी जिन्दगी में बस दो गियर हैं। टॉप गियर या फिर रिवर्स गियर। टॉप गियर में चल रही गाड़ी रिवर्स गियर में आ चुकी थी।

"साली शालू..." मन-ही-मन गाली दी संजय ने।

पहली बार शालू के लिए गाली निकली थी उसके दिल से। उसे भी वह बचपन से जानता था। मानता भी था उसको। उसकी ईमानदारी की कद्र भी करता था, लेकिन खाक में जाए उसकी ईमानदारी, उसके जज्बात! उसके दोस्त की जिन्दगी चौपट कर दी उस बेवकूफ ने।

'लेकिन शालू झूठी कसम तो खाती नहीं है? उस पर से उसने राहुल की कसम खाई है'। संजय को झटका लगा।

"कहीं...गैंडा जबरदस्ती तो नहीं कर रहा है शालू के साथ?"

"मुझे भी यही लग रहा है, संजय। जरूर वो उसके साथ जबरदस्ती कर रहा है।"

"उस गैंडे का इन्तजाम तो है अपने पास। रुक जा, अभी फोन लगाता हूँ साले को।"

उम्मीद के विपरीत गैंडा सभ्य तरीके से बात कर रहा था।

''देखो संजय, शालू अपनी मर्जी से शादी कर रही है। उस पर किसी तरह का दबाव नहीं है। और अब तुम लोगों को भी चाहिए कि भले लड़के की तरह इस मामले से दूर हो जाओ।''

''लेकिन मैं कैसे मान लूँ कि शालू अपनी मर्जी से शादी कर रही है?''

''लो, खुद शालू से बात कर लो।''

संजय को झटका लगा। माजरा क्या है? गैंडे ने वाकई फोन शालू को थमा दिया।

''शालू, तुम ठीक तो हो?''

शालू का नाम सुनते ही राहुल ने फोन छीन लिया।

''शालू, शालू, तुम कैसी हो, शालू, ये शादी...!''

फोन डिस्कनेक्ट हो गया। दूसरी तरफ से फोन काट दिया गया। किसने काटा, साफ नहीं। राहुल बावला हो रहा था। संजय ने दोबारा फोन लगाया। इस बार गैंडे ने उठाया।

''देखो संजय, शालू तुम लोगों से बात नहीं करना चाहती और अब तुम लोग भी अच्छे लड़के की तरह उसे तंग करना बन्द करो।''

''ये बात शालू को बोलने दो।''

'' क्या..?''

''यही कि वो अपनी मर्जी से शादी करना चाहती है।'' संजय ने लाउडस्पीकर ऑन कर रखा था। राहुल को लग रहा था कि कोई बुलडोजर उसके कलेजे पर आ-जा रहा है।

''हाँ, संजय, मैं अपनी मर्जी से शादी कर रही हूँ। और प्लीज, अब मुझे फोन मत करना।''

राहुल ने झपटकर फोन लिया, लेकिन तब तक गैंडा शालू के हाथ से फोन ले चुका था।

''सुन लिया? वो तुम लोगों से बात नहीं करना चाहती। अब आगे से उसे तंग करना बन्द कर दो, संजय।''

राहुल ने फोन को उठाकर दीवाल पर पटक दिया और निढाल होकर बिस्तर पर गिर गया। संजय सिर पकड़कर कुर्सी पर बैठ गया।

''जरूर, शालू को ब्लैकमेल किया जा रहा है।'' काफी देर बाद बोला था राहुल।

'' हाँ, वह तो मैं भी समझ रहा हूँ, लेकिन वह ब्लैकमेल हो क्यों रही है?''

संजय झल्लाया हुआ था।

''क्या कर रहे होंगे साले सब? बाप ने गले में रस्सी बाँधी होगी, माँ ने जहर की शीशी दिखाई होगी। साला बूढ़ा फाँसी पर लटक जाता तो वैसे ही शादी कुछ दिनों के लिए टल जाती। तेरा मेन्स खत्म हो जाता।'' संजय बुरी तरह भड़का हुआ था।

''चार दिन बाद आखिरी पेपर और उससे पहले ऐसा लोचा!'' राहुल खामोशी से संजय की बात सुन रहा था। कुछ बोल नहीं रहा था वह।

''संजय, वो गैंडे की टेप की हुई आवाज! जुर्म का उसका कबूलनामा!'' हर तरह से दिमाग लगा रहा था राहुल।

''पार्टनर, कुछ ज्यादा काम की चीज तो वह है नहीं, लीगल वैल्यू कुछ नहीं है उसकी; लेकिन रुक, ट्राई करता हूँ। क्या पता गैंडा फिर झाँसे में आ जाए?''

संजय ने गैंडे को दोबारा फोन लगाया। उसकी टेप की हुई बात को याद दिलाकर शादी रुकवाने की कोशिश की, लेकिन गैंडा परेशान होने की बजाय हँसने लगा।

''संजय, दुनिया में स्मार्ट केवल तुम्हीं दोनों नहीं हो। मैंने अपने वकील से बात की थी उस बारे में। उसने कहा कि चार पेशी में वो मामले को रफा-दफा करा देगा। टेप की हुई आवाज को कोर्ट में पक्का सबूत नहीं माना जाता है।''

संजय और राहुल को पहले से पता था, यह लेकिन गैंडा इस बात का पता इतनी जल्दी लगा लेगा, इसकी उम्मीद नहीं थी।

''और मेरे वकील ने एक और तरीका बताया। कहा कि कहानी गढ़ देंगे कि धोखे से दोनों नाटक का डॉयलॉग कहकर बुलवा रहे थे। चाहो तो मेरी ये बात भी टेप कर लो।''

हँस रहा था गैंडा।

''और तुम्हारी जानकारी के लिए बता दूँ, उस वाकये के बाद से तुमने जितनी बार फोन किया है, वो सब मैंने भी टेप कर लिया है। अब भी कर रहा हूँ। जाना पुलिस के पास, मैं भी तुम्हारा टेप लेकर पहुँच जाऊँगा।''

राहुल और संजय कटकर रह गए। साले ने उन्हीं की जूती उन्हीं के सिर पर बजा दी थी। सिर पकड़कर बैठ गए दोनों। अब कोई और रास्ता नहीं बचा था उनके सामने। श्याम भैया के आने तक राहुल बुत बना रहा। संजय ने बहुत कोशिश की कि वह भी कुछ बोले, लेकिन राहुल एकदम शान्त। बस, सूनी आँखों से दीवाल देख रहा था। कुछ बोल ही नहीं रहा था। मानो जन्म से ही गूँगा हो।

क्या चल रहा है साले के दिमाग में ? संजय कोशिश कर रहा था कि वह कुछ भी बोले, लेकिन राहुल तो गूँगा हो चुका था। कुछ बोलने की ताकत ही नहीं बची थी उसमें।

श्याम भैया को देखते ही वह रो पड़ा। इस बार फफककर बच्चों की तरह रोने लगा। संजय और श्याम भैया की आँखों में भी आँसू आ गए। क्या करें इस देवदास के लिए ? किसी को कुछ समझ में नहीं आ रहा था। दोनों शान्त और राहुल रोए जा रहा था। संजय किसी तरह से राहुल को उसकी दुनिया से बाहर निकालने की कोशिश कर रहा था।

''अबे राहुल, यों देवदास बनकर खुद को बर्बाद मत कर।''

''देवदास बनने के लिए भी दोस्त जेब में धनिया होना चाहिए। शरत् बाबू के देवदास को अपने बाप का कर्ज नहीं उतारना था। बूढ़ी माँ का इलाज नहीं कराना था। अपनी छुटकी की शादी नहीं रचानी थी। मैं तो चाहकर भी देवदास नहीं बन सकता हूँ, दोस्त!''

''और देवदास क्यों बनेगा मेरा दोस्त? इसने तो अपनी मोहब्बत के साथ हर कदम पर वफा किया है। बेवफा तो शालू निकली...'' संजय फिर उसकी सोच को अलग दिशा देना चाह रहा था।

''ना संजय, उसे कुछ मत कह। तुझे भी पता है, वह बेवफा नहीं है। उसे इमोशनल ब्लैकमेल किया गया है। उसके जज्बातों के साथ खेल गए हैं सब। चाहता तो मैं भी खेल सकता था लेकिन मेरा जमीर किसी के जज्बात के साथ खेलने की इजाजत नहीं देता है। वरना दुनियादारी तो मुझे भी आती है, दोस्त! उसके घरवालों को अपने स्टेट्स का लड़का चाहिए था। वह स्टेट्स अभी मेरे पास नहीं था।''

''कोई बात नहीं राहुल, बस एक ही पेपर तो बचा है। उसके बाद तेरे पास लालबत्ती! शालू के घरवालों के स्टेट्स से हंड्रेड टाइम्स ऊँचा तेरा स्टेट्स होगा।'' श्याम भैया उसे इनकरेज करना चाह रहे थे।

''लालबत्ती मिलेगी, जरूर मिलेगी भैया। देख लीजिएगा। शोहरत और दौलत को एक दिन अपनी दासी बनाऊँगा। शालू के पापा से भी बड़ा घर होगा मेरे पास। उनकी कार से भी बड़ी कार होगी। सब कुछ होगा मेरे पास। पॉवर, प्रैस्टिज, पैसा सब कुछ। बस एक शालू नहीं होगी...''

फिर आवाज भीगने लगी राहुल की।

''सब कुछ होगा मेरे पास, भैया, बस शालू नहीं होगी। वह कहीं और होगी, किसी और के पास होगी। अब वो मुझे कभी नहीं मिलेगी, भैया...''

बिलख उठा राहुल। बच्चों की तरफ फूट फूटकर रो रहा था। जिगर के जख्म आँसू की शक्ल में बाहर निकलने लगे...

रोने दिया सबने उसे। किसी ने चुप नहीं कराया। जरूरी है इसके जज्बातों का बह जाना वरना पागल हो जाएगा ये। धरती अगर लावा को अपने अन्दर कैद कर ले तो पागल हो जाएगी। धरती का सबसे खतरनाक रूप ज्वालामुखी ही बचाता है धरती की खूबसूरती को।

श्याम भैया ने उसे फिर समझाने की कोशिश की, ''लास्ट चांस है, राहुल। सँभालो अपने आपको किसी तरह। इसके बाद कोई चांस नहीं मिलनेवाला। मैं कोशिश करता हूँ। कटिहार बात करता हूँ। देखता हूँ, क्या किया जा सकता है?''

रात 12 बजे वापस लौटे श्याम भैया अपने रूम पर। संजय ने लाइट ऑफ कर दी। आज का पूरा दिन बर्बाद। सुबह जल्दी उठकर पढ़ने का इरादा किया संजय ने। इस साले को कैसे सँभालू? देर तक बिस्तर पर सोचता रहा संजय। और राहुल! उसकी आँखों में नींद कहाँ!

''गलत कहते थे पापा कि मेरा बेटा कुम्भकर्ण है।'' मन के किसी कोने से आवाज उठी, ''अगर कुम्भकर्ण की गर्लफ्रेंड भी इस हालत में उसके हाथ से निकलती तो देखते कैसे सोता वह!''

राहुल की पलकों ने उसका साथ देने से इनकार कर दिया। खुद-ब-खुद बन्द होने लगीं। राहुल ने भी उनके साथ जबरदस्ती नहीं की। पलकें बन्द हुईं तो अचानक फ्लैश जैसी लाइट चमकी। चौंधियाई आँखें सँभलीं तो सामने भगवान नजर आए। कृष्ण मुरारी!

''क्या हाल है, बेटे?''

''भगवन्, आप!''

''हाँ बेटे, क्या हाल है?''

''देख ही रहे हैं, भगवन्...''

''हाँ, जिस दिन शालू की शादी, उसी दिन तेरा लास्ट पेपर। क्या जबरदस्त टाइमिंग है!''

''मजे ले रहे हो, भगवन्?''

''अरे नहीं, बस तेरे प्रॉब्लम के बारे में सोच रहा हूँ।''

''सोचने से क्या फायदा, भगवन्? वैसे भगवन्, एक बात बताओ। अगर आपकी राधा रानी इस हालत में फँस जाती तो आप क्या करते? एग्जाम देते या फिर ट्राइ मारते?''

''फिर शुरू हो गया तू! अरे मेरी हालत से अपनी हालत की क्यों तुलना कर रहा है?''

''तुलना नहीं कर रहा हूँ, भगवन्। मुझे पता है, आपमें सुपर पावर है। एक उँगली पर पहाड़ उठा लेते हो। इस साले शालू के बाप की क्या औकात?

मैं तो बस एक सवाल पूछ रहा हूँ, कहीं आपके जवाब से मुझे कुछ सहायता मिले।''

''देख बेटे, आजकल तो तुम लोगों के बीच एक फैशन चला हुआ है—'जो दिल कहे, वही करो'—करना भी चाहिए, दिल की बात जरूर सुननी चाहिए, लेकिन दिमाग को आलमारी में बन्द करके नहीं।''

''मतलब...''

''सीधा मतलब है, दिल और दिमाग के बीच बैलेंस बनाओ। दिल की आवाज सुनो, लेकिन दिमाग की बात को दरकिनार करके नहीं। दिल जो कुछ कहे, उस पर दिमाग भी लगाओ। ठीक से सोचो, क्या सही है, क्या गलत? दिल की बात मानने पर इसका साइड इफेक्ट क्या होगा? उसके बाद आखिरी फैसला लो।''

''मतलब...प्रभु, आप कहना चाह रहे हो कि दिल के ऊपर दिमाग को तरजीह दूँ?''

''नहीं, गलत सोच रहे हो तुम। किसी को ज्यादा इम्पोर्टेंस देने की जरूरत नहीं। बस बैलेंस बनाने की जरूरत है। इसे ऐसे समझो, दिल और दिमाग जिन्दगी की गाड़ी के दो पहिए हैं। किसी का महत्त्व किसी से कम नहीं है। दोनों साथ साथ चलें तो फिर ऑल इज वेल, लेकिन एक भी गड़बड़ाया तो फिर ऑल इज नॉट वेल।''

राहुल खामोशी से भगवान की बात सुन रहा था।

''...और वैसे भी बेटे, इस बार वक्त ने तेरी सबसे कड़ी परीक्षा ली है। जिस दिन तेरा लास्ट पेपर, उसी दिन तेरी शालू की शादी! वक्त ने बॉल तेरे पाले में डाल दी है। अब तू अपने दिल और दिमाग के बीच बैलेंस बना और फैसला कर कि तू वक्त के बॉल को कैसे हिट करता है!''

''सही कह रहे हो, भगवन्। बिहार में लोग वक्त को बाप कहते हैं। जो बाप कहे, वही करो।''

''क्यों, तुम लोग अपने बाप को बदनाम कर रहे हो? तुम लोग अपने बाप की बात कितना मानते हो, पता है मुझे। बाप से पूछकर शालू से दिल लगाया था तुमने?''

भगवान की बात का जवाब नहीं दिया राहुल ने।

''अरे, माँ-बाप अपने बच्चों से ज्यादा वक्त की आँख-मिचौली देखे होते हैं। इसीलिए वे अपने तजुर्बे के आधार पर तुम्हें बुरा-भला बताते हैं। मानने न मानने का अधिकार बच्चों का होता है। जैसे अभी सब कुछ तुम्हारे हाथ में है।''

''प्रभु, मेरी लव लाइफ में मिस्टेक कहाँ हुआ?'' राहुल इसी बिन्दु पर अटका हुआ था।

कृष्ण मुरारी भी गम्भीर हो गए, "तुझे ऐसा क्यों लग रहा है राहुल कि तेरी लव लाइफ में मिस्टेक हुआ है? हर मोहब्बत का अंजाम मिलन नहीं होता है, बेटे। तुम दोनों ने वही किया जो वक्त और हालात ने तुम दोनों से कराया। वक्त बहुत बड़ी चीज होती है, बेटे।"

"सही कह रहे हो भगवन्, थोड़ा शालू का खयाल रखना। आपको तो पता है, कितनी बेवकूफ़ है वह।"

"मुझे पता था, तू यही कहेगा। तू अब शालू की चिन्ता मत कर। उसकी नियति उसे वहीं ले जाएगी, जहाँ उसे जाना है। तू अपने आप पर ध्यान दे। मुझे तो शालू से ज्यादा चिन्ता तेरी हो रही है।"

भगवान ज्ञान देकर अन्तर्ध्यान हो गए।

सुबह संजय उठा तो उसने राहुल को नोट्स की दुनिया में पाया। राहुल टेबल लैम्प जलाकर पढ़ रहा था। कान में ईयरफोन लगाए हुए, गाना सुनते हुए। शुरू से वह इसी अन्दाज में पढ़ता था। कहता था कि गाना सुनते हुए पढ़ने से दिमाग एकदम रिलैक्स रहता है।

संजय को अच्छा लगा। थोड़ा हैरान भी हुआ कि ये साँड़ इतनी जल्दी लाइन पर कैसे आ गया। दुख भी हो रहा था अपने दोस्त के लिए। लेकिन करे तो क्या करे! कल शालू से बात करने की हर मुमकिन कोशिश की थी उसने, लेकिन कोई फायदा नहीं हुआ। उसके घरवालों ने जबरदस्त पहरेदारी लगाई थी उस पर।

चाय के प्याले के साथ थोड़ा खुला राहुल।

"रात भर सोचा, दोस्त। शालू से किसी तरह बात नहीं हो पा रही है। कटिहार जाने से भी कोई फायदा नहीं दिख रहा है। पता नहीं शालू से मुलाकात होगी या नहीं? पता नहीं, उसके घरवालों ने उसे कहाँ रखा है? और खुद शालू भी तो साथ देने के लिए तैयार नहीं है। कई बार कह चुकी है कि मुझे भूल जाओ। मेरी वजह से अपना कैरियर बर्बाद मत करो। उस कमीनी को क्या पता कि वो मेरे लिए लालबत्ती से बढ़कर है..."

संजय शान्त रहा...जानबूझकर। चाह रहा था कि राहुल अपनी भड़ास निकाल ले।

"और तू ही सोच, मेरी कसम खाई थी उसने; फिर भी शादी के लिए तैयार हो गई! ऐसा तो है नहीं कि शादी एक दिन में तय हो गई होगी। भनक तो उसे लग ही गई होगी। चाहती तो मुझे पहले इन्फॉर्म नहीं कर सकती थी! खुद नहीं करती, किसी और से करा देती।"

"तेरे एग्जाम के बारे में सोच रही होगी।"

यह बात कहने के बाद संजय ने खुद को मोटी गाली दी। क्या जरूरत थी, इस वक्त शालू की पैरवी की? अभी तो किसी तरह राहुल को शालू की यादों से बाहर निकालना है। वैसे संजय दिल से शालू की कद्र करता था। बचपन से जानता था उसे। पता था उसे कि शालू जेनुइन है।

"खाक एग्जाम! अरे यार, वह पहले से साथ छोड़ने का मन बना चुकी थी। तभी मुझसे बार-बार कहती थी कि मुझे भूल जाओ। हमारे नसीब में मिलना नहीं लिखा है...भगवान हमें मिलाना नहीं चाहते...ये साली लड़कियाँ... गलती खुद करती हैं, लेकिन बदनाम भगवान को करती हैं—भगवान नहीं मिलाना चाहते। अरे भगवान को क्या गरज पड़ी है किसी के फटे में टाँग अड़ाने की?"

"तो फिर फाइनली डिसाइड क्या किया है?"

"कुछ नहीं। सब कुछ भूलकर लास्ट पेपर दिया जाए। हर तरह से सोचकर देख लिया। शालू तैयार रहती तो मंडप से भी उठाया जा सकता था, लेकिन यहाँ तो लड़की! 'मुझे भूल जाओ'—तो भाड़ में जाए वो..." राहुल के स्वर में तल्खी आ गई।

"सही कह रहा है तू" संजय थोड़ी देर पहले की गलती दुरुस्त करने लगा, "निकाल यूपीएससी और मार चमाटा शालू के बाप के गाल में। साला बूढ़ा जिन्दगी भर किलसेगा कि लालबत्ती वाला दामाद हाथ से निकल गया।"

"छोड़, जाने दे, उसको किलसाने की क्या जरूरत? उसकी अपनी जिन्दगी, उसकी अपनी बेटी। मुझे क्या लेना है उन सबसे?" राहुल खुद को काट लेना चाहता था शालू की सोच से।

"चल पार्टनर, टाइम वेस्ट मत कर; नोट्स निकाल।"

राहुल अब इस टॉपिक पर चर्चा भी नहीं करना चाहता था।

"सही कह रहा है दोस्त, जब वो खुद यही चाह रही थी तो फिर तू क्यों अपने आपको बर्बाद कर रहा है? वैसे भी ताली दोनों हाथों से बजती है। प्यार-मोहब्बत में कोई जोर-जबरदस्ती तो होती नहीं।"

संजय चाह रहा था किसी तरह राहुल शालू के खयाल से निकले। बुरा सोचकर ही बाहर निकले, लेकिन निकले तो सही। अगर उसके खयालों में खोया रहा तो फिर कुछ नहीं लिख पाएगा पेपर में। काफी व्यावहारिक सोच थी संजय की। दोनों दोस्त नोट्स की दुनिया में खो गए। बीच में उठकर एक-एक गिलास बिहारी हॉर्लिक्स पिया...फिर किताब...

ऑफिस जाते समय श्याम भैया आए। काफी खुश हुए। राहुल के विल पॉवर की तारीफ की। चाय भी नहीं पी रहे थे।

"फॉर्मेलिटी में टाइम वेस्ट मत करो। इस समय का एक-एक क्षण कीमती है।"

दोपहर में खाना खाकर सोने की शुरू से आदत रही है राहुल की। दो घंटे सो ले तो दिमाग एकदम फ्रेश हो जाता है। खाना खाकर खामोशी से लेट गया। सुबह पढ़े हुए नोट्स को रिवाइज करने की कोशिश करने लगा, लेकिन जल्दी ही दिलो-दिमाग में शालू छा गई।

शादी में शालू कौन-सा लहँगा-चुनरी पहनेगी? वही जो उसने उसे गिफ्ट किया है। नहीं वो क्यों पहनने जाएगी? जब मेरा साथ ही छोड़ने का फैसला कर लिया तो फिर लहँगे का क्या! नया खरीदेगी? किस कलर का? गुलाबी कलर का? गुलाबी कलर बहुत पसन्द आता है उसे या फिर पीला? पीला रंग बहुत पसन्द है राहुल को...

"भाड़ में जाए वह, किसी कलर का लहँगा पहने। साले तुझको क्या? क्या लहँगा पहनाने के लिए बुलाने जा रही है तुझे? आ जाओ राहुल, मुझे लहँगा पहना दो? साले, कुत्ते, कमीने कुछ नहीं हो सकता तेरा।" दिमाग ने दिल को बहुत तेज गाली दी।

दिल खामोशी से दुबक गया। पता था कि दिमाग की गाली सही है। वाकई वह बर्बादी के कगार पर खड़ा है। जरा-सा पैर फिसला तो नीचे बर्बादी की खाई। गाली देने के बाद दिमाग दिल को प्यार से समझाने लगा

"तू बस आराम से सो...सोकर उठेगा तो सारे नोट्स फिर से देखना है... देख, इन सब बातों पर टाइम वेस्ट मत कर...बर्बाद हो जाएगा तू...शालू तो गई ही हाथ से, लास्ट चांस निकल गया तो फिर कुछ नहीं बचेगा तेरे पास... दुनिया उगते सूरज को ही सलाम करती है...छठ में लोग डूबते सूरज की पूजा करते हैं तो खाली पेट...उदास रहते हैं सब और सुबह सूरज को उगता देखकर खुश! जल चढ़ाते समय दिमाग में पकवान ही घूमते रहता है। बेटे सँभल जा, वरना बाद में चाहकर भी नहीं सँभल पाएगा तू।" दिमाग ने प्यार से दिल को समझाया।

राहुल समझ रहा था सारी बातों को। अब इन बकवास बातों पर एकदम ध्यान नहीं देना है। नए सिरे से संकल्प लिया राहुल ने। शरीर के अन्दर छिपे कुम्भकर्ण को सुकून मिला। लम्बी तानकर सो गया। शाम को उठा तो सीधे चाय के साथ नोट्स। देर रात तक पढ़ता रहा राहुल। संजय ने कई बार कहा भी कि सो जा, सुबह उठकर पढ़ते हैं; लेकिन राहुल नहीं माना।

"बस, 10 नोट्स और बचे हैं। खत्म कर लेता हूँ तो सोता हूँ।"

संजय सो गया। राहुल को किताबों की दुनिया में छोड़कर। राहुल को कब नींद लगी, पता भी नहीं चला। पढ़ते-पढ़ते सो गया। टेबल लैम्प जला

हुआ छोड़कर। संजय की नींद बीच में खुली तो उसने लाइट ऑफ किया। राहुल के चेहरे की तरफ देखा तो गहरी नींद में डूबा हुआ नजर आया राहुल, लेकिन उसे क्या पता था कि राहुल के अन्दर क्या चल रहा है। भयानक उथल-पुथल मची हुई थी। शालू के साथ बिताए पल स्लाइड की तरह राहुल की बन्द आँखों के आगे तैर रहे थे।

"नहीं, मेहँदी की ये डिजाइन एकदम बकवास है। मुझे नहीं लगाना।" शालू तुनक रही थी।

"नहीं, यही डिजाइन लगेगा। हाँ जी, चलो, लगाओ।" राहुल मेहँदी वाले लड़के को ऑर्डर दे रहा था।

शालू भुनभुनाती—"हर चीज में अपनी जिद करता है राहुल।"

"जागीर हो तुम मेरी, जागीर।" फेवरिट डॉयलॉग था उसका।

"और तुम जागीर के जमींदार, बड़े आए!" शालू अन्दर से खुश होते हुए भी नाराज होने का नाटक करती। राहुल का यह हक जताना अच्छा लगता था उसे।

"और नहीं तो क्या? जमींदार ही तो डिसाइड करता है कि उसकी जागीरदारी कैसे चलेगी, कैसे रहेगी?"

अजीब दुनिया में खोया हुआ था राहुल...न सोया, न जागा...शालू के साथ बिताए पल, एक-एक बातें—रात-भर परेशान करते रहे।

सुबह उठा तो सिर भारी लग रहा था। आँखें लाल थीं। काली चाय ने भी खास असर नहीं दिखाया। सिर फट रहा था। किसी तरह किताब खोलकर बैठा तो बस आँखें किताब पर। दिल पर दिमाग काबू नहीं पा रहा था।

संजय ने बात करने की कोशिश की, लेकिन राहुल खामोश रहा..."क्यों अपने दोस्त का कैरियर बर्बाद करूँ?" दोपहर तक उसी हालत में रहा राहुल। आज संगीत भी सुकून नहीं दे पाया।

"ये सारे गाने प्यार-मोहब्बत का ही राग क्यों अलाप रहे हैं? दुनिया में कुछ और नहीं बचा है क्या?" जिन प्यार भरे नगमों को राहुल कभी बड़े चाव से सुना करता था, इस वक्त वे उसे चिढ़ाते-से लग रहे थे। टेप बन्द कर दिया राहुल ने।

"तेरी शादी में पेश करूँ तुझे तोहफा क्या?" सब मजे ले रहे हैं, साले!

दिल की हालत देखकर दिमाग चिढ़ रहा था, कभी गाली दे रहा था, कभी प्यार से समझा रहा था; लेकिन राहुल चाहकर भी शालू के खयालों से बाहर नहीं निकल पा रहा था। दोपहर में खाना खाकर सोने की कोशिश की राहुल ने, लेकिन कोई फायदा नहीं हुआ। देर तक बिस्तर पर करवटें बदलता रहा। फिर वही रात वाली हालत...

"आज मिट्टी-कोड़ाई की रस्म होगी। शालू के घर की महिलाएँ गीत गाती हुई गाँव के देवता के पास गई होंगी, शालू की खुशहाल दुनिया की दुआ माँगने। और शालू? उदास होगी? खुश होगी? मुझसे अलग होकर दुखी होगी? घरवालों की खुशी देखकर खुश हो रही होगी?" कुछ तय नहीं कर पाया राहुल।

"मेरा इन्तजार कर रही होगी..." दिल के किसी कोने से सहसा आवाज उठी।

"नहीं, कतई नहीं!"

दिमाग ने तेजी से दिल को घुड़की दी। अगर उसे इतनी ही परवाह होती तो वह शादी से इनकार नहीं कर देती।

नहीं सो पाया राहुल। आखिर में वह उठकर रूम से बाहर जाने लगा।

"कहाँ जा रहे हो?" संजय ने गौर से उसके चेहरे की ओर देखते हुए पूछा। साफ तनाव झलक रहा था राहुल के चेहरे पर।

"कहीं नहीं। बस ऐसे ही टहलकर आ रहा हूँ।"

"क्या हो गया? फिर गेयर चेंज हो रहा है क्या?"

"अरे, नहीं यार। बस ऐसे ही सिर थोड़ा भारी लग रहा है। एक चक्कर गोपी तक मारकर आता हूँ। तू पढ़।"

संजय समझ रहा था सारी बात। मना नहीं किया उसने।

"यार गोपी, तूने कभी मोहब्बत किया है?"

"प्रॉपर चांस ही नहीं मिला पार्टनर। बचपन हनुमान जी ने बर्बाद कर दिया। बड़े पिताजी दिन-रात मुझे हनुमान चालीसा सुनाते रहते थे। उस पर से मेरे अखाड़े का मुच्छड़ उस्ताद। मत पूछ यार। लड़कियों को लेकर कितना डराता था!"

"क्या कहता था?"

"अरे यार, समझाता था कि लड़की आग होती है, आग! धधकती हुई आग! ज्वालामुखी का लावा! करीब जाओगे...तो जल जाओगे।"

राहुल को हँसी आ गई।

"अबे, तू हँस रहा है? मैं सच कह रहा हूँ। जानता है, एक बार क्या हुआ था? अखाड़े में एक बार उस्ताद का एक दोस्त आया था। वो पहलवान नहीं था। सिगरेट पीता था। माचिस नहीं थी, लिहाजा एक पट्ठे को जलाकर लाने के लिए थमा दिया।"

राहुल समझ गया कि ये साला गोपी संजय के फेमस नॉनवेज जोक को अपनी कहानी बनाकर सुना रहा है।

''लड़का सिगरेट लेकर चला गया एक लड़की के पास। सिगरेट तो जली नहीं, अलबत्ता...''

गोपी ठहाके लगा रहा था। राहुल मुस्करा रहा था, दिल रो रहा था।

''यार गोपी, बूढ़ा शैतान है क्या?''

''बूढ़ा शैतान! अबे, क्या हो गया तुझे? साले, तीन दिन बाद पेपर है और तू अभी रम पीने की बात कर रहा है। अबे, सब ठीक है न?''

गोपी और अब्दुल को कुछ खबर नहीं थी उसके मामले की। केवल संजय और श्याम भैया को पता था।

''अभी किसी को कुछ मत बताओ। राहुल और डिस्टर्ब हो जाएगा।'' श्याम भैया ने संजय को समझाया था।

गोपी ने बैग के अन्दर से रम निकाला।

''इस साले को तो ढक्कन खुलते ही चढ़ जाती है। पहला घूँट अन्दर जाते ही फ्लैट।''

संजय गोपी को चिढ़ाता रहता था। जब भी पीने बैठता तो गोपी उसके निशाने पर होता था—''लड़की ने दुपट्टा हटाया और गोपी बाबू उछलकर अपने किशन कन्हैया की गोद में। प्रभु, लाज रख लो अपने भक्त की। इज्जत लुटनेवाली है।'' संजय की बात याद आई राहुल को, लेकिन उसे हँसी भी नहीं आई। क्यों पी रहा है आज वह? गम में दारू पीनेवालों को कायर कहता था वह। खूब बहस होती थी संजय के साथ।

''यार, दारू तो जश्न की चीज है, जश्न की। यह क्या कि अपने दुख को भुलाने के लिए दारू पी ली। साले, झूठमूठ को दारू को बदनाम करते हैं।''

फिर क्यों पी रहा है वह?

''जश्न मना रहा है अपनी शालू की शादी का?'' दिमाग ने फिर दिल की दुखती रग पर हाथ रखा। दिल खामोश रहा। खामोशी से गोपी की बात सुनने लगा राहुल। गोपी दो पैग लगा चुका था।

''हाँ तो दोस्त, मैं कह रहा था कि शुरू में हनुमान जी और उनके उस भक्त, अरे यार, मेरा अखाड़ेवाला उस्ताद, दोनों ने मिलकर मेरी जिन्दगी खराब कर दी। कभी लड़कियों के करीब जाने ही नहीं दिया। टेंथ में था, एक बहुत पसन्द आई थी। पड़ोस में रहती थी। पायल नाम था। पायल पहनती भी थी। छुन, छुन...छुन, छुन...''

गोपी को चढ़ने लगी थी। राहुल ने हौले से एक पैग और डाल दिया उसके गिलास में।

''छुन..छुन, *इस रेशमी पाजेब की झंकार के सदके...*'' गोपी गाने लगा, ''छुन छुन...''

गोपी टुन्न हो चुका था। छुन-छुन की धुन पर उसकी सुई अटक गई थी। हर बार यही होता था गोपी के साथ। जब भी पीने बैठता था अपनी, पायल की छुन-छुन की धुन पर टुन्न हो जाता था। और होश में आने पर पायल का नाम भी नहीं लेता था। एक बार सीरियस हो गया था।

''क्यों किसी शादीशुदा लड़की की जिन्दगी खराब करूँ? आज उसकी अपनी लाइफ है। पति है, बच्चे हैं। जिससे प्यार किया था उसी की जिन्दगी में मेरी वजह से जहर घुले! सोचो, कितना बुरा होगा।''

राहुल को अच्छा लगता था गोपी। मस्त, लेकिन अपनी मस्ती से किसी को डिस्टर्ब नहीं करनेवाला।

'तो क्या उसे भी अब शालू की जिन्दगी से हट जाना चाहिए? शालू की अपनी लाइफ होगी। मुझसे अलग। पति, बाल-बच्चे...तो क्या मुझे भी उसकी जिन्दगी से हट जाना चाहिए?'

'एकदम सही कह रहा है तू।' दिमाग ने फिर टहोका दिया।

''क्या कर रहा है तू यहाँ पर?'' संजय था। ज्यादा लेट हुआ तो गोपी के रूम पर पहुँच गया था।

''शाबाश! क्या बात है, बूढ़े साधु का आशीर्वाद लिया जा रहा है!''

''अरे नहीं यार, बस ऐसे ही मन नहीं लग रहा था। सोचा, दो घूँट ले लूँ तो फिर चलकर नोट्स देखूँ।''

''वाह, क्या बात कही तूने! दो घूँट लेकर पढ़ने का इरादा किया है! अबे साले, किसे बेवकूफ बना रहा है तू? मुझे, संजय को, साले, क्या समझ रखा है मुझे?''

काफी गुस्से में था संजय। देर से राहुल का इन्तजार कर रहा था। मन में कई तरह के खयाल आ रहे थे। बुरे खयाल। कहाँ चला गया राहुल? पढ़ने में मन नहीं लग रहा था। राहुल कहीं...परसों ही पढ़ा था कि विश्वविद्यालय मेट्रो स्टेशन पर ट्रेन के आगे एक पेयर ने छलाँग लगा दी थी। डर लगा संजय को...पहुँच गया गोपी के रूम।

गोपी पूरी तरह गड़बड़ा गया। उसे कुछ समझ में नहीं आ रहा था। ना तो पूरे मामले की खबर थी और ना ही पहले कभी संजय और राहुल को इस अन्दाज में देखा था। ऊपर से बूढ़ा शैतान कुछ सोचने का मौका ही नहीं दे रहा था।

''अबे, क्या हुआ? कुछ मुझे भी तो बताओ।''

संजय किसी को कुछ बताने के मूड में नहीं था।

''बता, आखिर क्या इरादा है तेरा?''

''कुछ नहीं, यार! बस ऐसे ही...''

''ऐसे ही क्या? क्या चाह रहा है तू?''

संजय आर-पार की लड़ाई के मूड में था।

''कुछ नहीं यार, चल रूम पर।''

''नहीं, रूम पर बाद में जाएँगे। गोपी को मेन्स नहीं देना है। वो कोई डिस्टर्ब नहीं हो रहा है...तू यहीं बता क्या इरादा है तेरा?''

''इरादा क्या होगा? संडे को लास्ट पेपर देना है।''

''इसी तरह देगा! दारू पीकर लास्ट पेपर देगा? इसी गोपी की तरह सेंटर पर खर्राटे लगाने का इरादा है तेरा?''

गोपी बिस्तर पर लुढ़क चुका था। दीन-दुनिया से बेखबर। संजय और राहुल को उनकी किस्मत पर छोड़कर।

राहुल खामोश रहा। संजय उसके जवाब के इन्तजार में पहले की तरह खड़ा रहा।

''यार संजय, तुझसे एक बात कहना चाह रहा था।''

''बोल...''

''यार, मैं सोच रहा हूँ कि सन्डे तक मैं गोपी और अब्दुल के साथ शिफ्ट हो जाऊँ।''

''क्यों...?''

''कुछ नहीं यार, शायद जगह चेंज करने से थोड़ा मूड बदले।''

''जगह चेंज करने से मूड बदलेगा या दारू पीने से? अबे साले, तू मुझको आखिर समझता क्या है?''

''देख, संजय, मैं नहीं चाहता हूँ कि तू मेरी वजह से डिस्टर्ब हो। मुझे लग रहा है कि मेरी वजह से तेरा पेपर भी खराब हो सकता है।''

''बहुत चिन्ता कर रहा है तू मेरी...क्या बात है!''

संजय के स्वर में तल्खी झलकने लगी थी।

''और अपने माँ-बाप के बारे में नहीं सोच पा रहा है तू? कितने अरमानों से दिल्ली भेजा है उन्होंने तुमको। चाचा ने कोचिंग के लिए कर्ज लिया है न? कितना कर्ज है? 50 हजार का कर्ज है न? बोल क्यों नहीं रहा है?''

राहुल खामोश। जुबाँ पर ताला जड़ चुका था।

''दस परसेंट इंटरेस्ट देना पड़ रहा होगा। यही रेट चल रहा है वहाँ पर... और माँ के बारे में क्या खयाल है? चार धाम की यात्रा करनी है न उनको? बेटा कमाएगा तो माँ की साध पूरी होगी! और तू तो दिन-रात कहते रहता था कि कुछ बन जाऊँ तो गरीब बच्चों के लिए कुछ करूँगा! अनाथ बच्चों के लिए भी बहुत सारे प्लान थे तेरे! याद है या भूल गया?''

राहुल पहले की तरह खामोश।

"तेरी जिन्दगी तो बस शालू से शुरू, शालू पर खत्म। बाकी सब गए भाड़ में। शालू मिल जाती तो बाकी लोगों का भी कुछ कल्याण हो जाता। शालू नहीं मिली तो सब जाएँ भाड़ में। ...क्या सोच है तेरी!"

राहुल नजरें नहीं उठा पा रहा था।

"और तेरी शालू भी तो बहुत खुश होगी, जब उसे पता चलेगा कि उसकी वजह से तूने अपनी जिन्दगी का लास्ट चांस गवाँ दिया। अच्छा लगेगा न शालू को?"

राहुल संजय के साथ लौट गया। खाना खाए बिना सो गया। संजय ने भी ज्यादा जोर नहीं दिया।

सुबह राहुल नए संकल्प के साथ पढ़ने बैठा। शालू के बारे में सोचना तक नहीं है। और भी गम हैं जमाने में मोहब्बत के सिवा। केवल प्यार ही दुनिया में सब कुछ नहीं होता है। जिम्मेदारी भी बहुत बड़ी चीज होती है। संजय की कही बातें दिल में उतर चुकी थीं। दोपहर तक पागलों की तरह नोट्स देखता रहा। कुछ प्वाइंट्स पर संजय के साथ डिस्कसन किया तो संजय को भी राहुल बदला नजर आया। चैन की साँस ली संजय ने।

'भगवान, बस संडे तक इस मजनूँ के सिर से शालू को उतार दे। विश्वास कर तुझसे कभी कुछ ना माँगनेवाला तेरा ये भक्त तेरे लाखों बन्दों का बहुत भला करेगा।'

वामपन्थ और दक्षिणपन्थ के फेर में तो कभी नहीं पड़ता था राहुल, लेकिन दुनिया में अन्याय और शोषण को देखकर कलपते रहता था, लेकिन वही राहुल इस वक्त सब कुछ भुलाकर नोट्स की दुनिया में खोया हुआ था। केवल नोट्स और नोट्स। बीच-बीच में चाय। शाम को श्याम भैया आए थे। अनार का जूस लेकर। संजय से रिपोर्ट लेते रहते थे वे राहुल की। पूरी बात सुनी तो बहुत खुश हुए। संजय की मन ही मन तारीफ की और राहुल पर कड़ी नजर रखने के लिए कहा। लेकिन संजय को कुछ नहीं करना पड़ा। अगले दिन भी राहुल नोट्स की दुनिया में खोया रहा। रात को भी गहरी नींद आई। नींद लाने में थोड़ा हाथ संजय का भी था। चुपके से सोते समय दूध में नींद की एक गोली डाल देता था। किसी तरह चैन से सो जाए।

शुक्रवार को थोड़ा बेचैन नजर आया राहुल। परसों शालू की शादी है। कलेजा कट रहा था राहुल का। दोपहर तक खामोशी से नोट्स देखता रहा वह, लेकिन चाहकर भी शालू को भुला नहीं पा रहा था। बस, परसों के बाद शालू

किसी और की। राहुल और शालू के सारे रिश्ते खत्म। प्यार में गुजारे सब पल, नोंक-झोंक, लड़ाई, शालू का चाँटा...सब खत्म। दिल रो पड़ा राहुल का, लेकिन आँसू नहीं आने दिए पलकों पर। संजय का खयाल था। संजय समझ रहा था सारी बात। दिल उसका भी रो रहा था राहुल की हालत देखकर, लेकिन करे तो क्या करे? खामोशी से नोट्स देखता रहा वह। इधर राहुल न चाहते हुए भी बार-बार शालू के खयालों में खो जा रहा था।

'शालू ने अपनी मर्जी से तुझे अपनी जिन्दगी से नहीं निकाला है। उसकी मजबूरी समझ। वह लड़की है। अपने घरवालों को काफी चाहती है, इसीलिए इमोशनली ब्लैकमेल कर लिया सबने उसे। तेरी तरह बोल्ड नहीं है। बचपन से जानता है न तू उसे। झूठमूठ का दोष मत दे बेचारी को।' दिल ने दिमाग के आगे फरियाद की।

दिमाग ने भी दिल को गाली नहीं दी। समझता था वह भी शालू की प्रॉब्लम को, लेकिन उसकी प्रॉब्लम से तो राहुल की जिन्दगी की ऐसी-तैसी हो रही है। किसी तरह लास्ट पेपर दे ले राहुल...उसके बाद इंटरव्यू तक मजनूँ बन जाए। बूढ़े शैतान को गले लगाए या फिर अँगूर की किसी और बेटी के साथ सोए। कोई फर्क नहीं पड़ता, लेकिन संडे तक तो किसी तरह राहुल को सँभालना होगा।

दिमाग अपनी जिम्मेदारी को लेकर काफी सचेत था। इसीलिए कभी प्यार से तो कभी सांत्वना देते हुए दिल को समझाते रहता था।

राहुल बाहर निकला। बत्रा तक टहलने का इरादा किया उसने। बस परसों..चाहकर भी शालू के खयाल से बाहर नहीं निकल पा रहा था राहुल। एक पंजाबी जोड़े पर नजर पड़ी। नई-नई शादी हुई होगी। पूरे हाथ में लाल चूड़ी...मेहँदी रची हथेली...

शालू जब भी मेहँदी लगाती थी तो राहुल से पूछती थी कि ये डिजाइन अच्छा है या पुराने वाला?

"पुराने वाला..."

"कौन सा, जो भैया की शादी में लगाई थी या फिर दीदी की शादी वाला?"

भैया की शादी! दीदी की शादी! अब राहुल को कहाँ याद रहते उतने पुराने डिजाइन। लेकिन शालू के किसी सवाल से बच पाना बड़ा मुश्किल।

"मुझे दिल से प्यार करते तो जरूर याद रखते, लेकिन तुम तो मतलबी हो। बस किस तरह से लपेटे में लूँ। मतलबी, स्वार्थी!" ताना मारने का कोई मौका हाथ से नहीं जाने देती थी वह।

"किस डिजाइन की मेहँदी लगाएगी शालू?" किसी ने जवाब नहीं दिया। न दिल ने, न दिमाग ने। राहुल सिर पकड़कर बत्रा की सीढ़ियों पर बैठ गया।

कोई इस हालत में देख ना ले, इसलिए थोड़ी देर बाद इन्दिरा विहार वाले नाले की तरफ चला गया। काफी देर तक नाले के किनारे-किनारे घूमता रहा। संजय की परेशानी का खयाल आया तो रूम पर लौट गया।

रात को खाना खाकर जल्दी सोने चला गया राहुल। संजय को मौका नहीं मिल पाया था नींद की गोली दूध में मिलाने का। बिस्तर पर यों ही करवटें बदलता रहा राहुल। पहले की तरह शालू के खयालों में खोया हुआ।

"और देख लेना...मैं अपनी सुहाग सेज को कैसे सजाऊँगी...चारों तरफ गुलाब की पंखुड़ी। बीच में बेली-चमेली के महकते फूल..."

"और मोहब्बत की उस बगिया के बीच मैं और तुम...एक दूसरे से लिपटे हुए...इसी तरह..."

पिछली मुलाकात में राहुल ने चांस लेने की कोशिश की थी। राहुल की आँखों के आगे पिछली मुलाकात की पूरी तस्वीर तैर गई।

"फ्रॉड कहीं के! मिला मौका, मारा चौका! अभी नहीं जनाब, सुहागरात तक इन्तजार कीजिए।"

"अरे यार, थोड़ी प्रैक्टिस तो कर ली जाए। मेरे क्रिकेट कोच कहते थे—जितना ज्यादा नेट प्रैक्टिस करोगे, उतनी ही देर तक पिच पर टिकोगे। देखती नहीं हो कि बैट्समैन मैच से पहले कितना प्रैक्टिस करते हैं! तभी तो पिच पर घंटों टिके रहते हैं। मुझे भी तो प्यार के पिच पर घंटों बैटिंग करनी है।"

"कोई जरूरत नहीं है, द्रविड़ की तरह ठुक-ठुक करने की। चार घंटे ठुक-ठुक, लेकिन रन बस चालीस। मुझे तो युवराज की तरह फास्ट बैटिंग पसन्द है। चार ओवर खेलो, बोर्ड पर चालीस रन।"

शालू ने मजा लिया। राहुल हँस रहा था।

"समझे जनाब, कोई जरूरत नहीं है प्यार के पिच पर घंटों टिकने की। प्यार के पाँच मिनट ही काफी होते हैं।"

"तो फिर आज वही पाँच मिनट। बस पाँच मिनट, अपनी कसम, बस पाँच मिनट!"

राहुल ने चांस लेना चाहा, लेकिन शालू उसके झाँसे में नहीं आई।

"दिल्ली जाकर कितने बड़े वाले कमीने हो गए हो! कसम भी खाई तो अपनी ताकि तोड़ने में कुछ सोचना नहीं पड़े।"

पास आ चुके राहुल को धक्का दिया शालू ने तो बिस्तर से गिर पड़ा था राहुल। सिर पकड़कर बैठ गया। मानो बहुत तेज चोट आई है सिर में। तब घबरा गई थी शालू। डॉक्टर के पास ले जाने लगी, लेकिन उसे क्या पता कि राहुल का इलाज डॉक्टर के पास नहीं, खुद उसके पास है।

घंटों शालू की गोद में सिर रखकर पड़ा रहा था राहुल। शालू उसके सिर को सहलाती रही। राहुल को अजीब-सा सुकून मिलता था शालू की गोद में। एक बार संजय ने सीरियस होकर पूछा था।

''यार राहुल, तुझे यहाँ की मस्त-मस्त माल को देखकर कुछ नहीं होता है? क्या फिगर? क्या कट? चलती है तो...ये सब कोई सपने में नहीं आती हैं?''

''आती तो हैं यार। नजर भी खूब जाती है उन पर, लेकिन पता नहीं क्यों उनके खयालों में कोई सुकून नहीं मिलता है। किसी की गोद में सिर रखकर लेटने का दिल नहीं करता है। उनको देखने से बस अन्दर तेज गर्मी का अहसास होता है, लेकिन कभी ऐसा अहसास नहीं हुआ कि मेरी तेज गर्मी पर कोई रिमझिम फुहार बरसी हो। वो अहसास बस शालू के पास ही मिलता है। तुझे किसी से प्यार नहीं हुआ है, इसीलिए तू इस बात को नहीं समझ रहा है।''

''माफी दे यार! अपुन ऐसे ही ठीक है। ये साली मुहब्बत की क्लास बहुत मेहनत कराती हैं। यूपीएससी से भी ज्यादा। रहने दे। अपुन ऐसे ही ठीक है।''

राहुल ने करवट ली। करवट बदलते ही खयाल भी बदल गया।

''किसी तरह लास्ट पेपर देना है। प्यार से भी ज्यादा जरूरी है परिवार। उसके परिवार को आज उसकी जरूरत है। अगर वह कुछ नहीं कर पाया तो परिवार उसका बोझ नहीं सँभाल पाएगा। पूरा परिवार तहस-नहस। नहीं, मुझे लास्ट पेपर अच्छी तरह देना है। किसी तरह यूपीएससी क्रैक करना है। अपने लिए नहीं, अपने परिवार के लिए, गरीब-गुरबों के लिए।'' रॉबिन हुड के कैरेक्टर से काफी प्रभावित था वह, ''अमीरों को लूटो, गरीबों की जिन्दगी रौशन करो।''

''लेकिन खुद मेरी जिन्दगी ताउम्र अँधेरे में गुजरेगी।'' उसकी जिन्दगी की रौशनी छीन ली इस दुनिया ने उससे।

दिल फिर रो पड़ा। दिमाग दिल को प्यार से थपकी देने लगा। दिल रोते-रोते सो गया। लेकिन बमुश्किल आधा-एक घंटा। फिर नींद खुल गई। राहुल ने घड़ी देखी। सुबह के चार बज रहे थे। आँखों में नींद का कोई निशान नहीं बचा था। राहुल ने हौले से पानी पिया और बॉलकनी में आ गया। संजय पहले की तरह बेखबर सोया रहा। सुबह की ठंडी हवाओं से तरावट मिली राहुल को।

''मलय पर्वत से होकर आती है सुबह की हवा। इस समय की हवा फेफड़ों में चली गई तो कोई रोग-व्याधि नहीं होती है।''

बड़े पिताजी उसको बचपन में सुबह जगाते हुए यही समझाया करते थे।

"सतयुग में आती होगी मलय पर्वत से निरोगी हवा। अब तो केवल धुआँ और धूल ही आता होगा। बीच में पता है न, कितने इंडस्ट्रियल हब खुल गए हैं! दिन-रात धुआँ उगलते रहते हैं। वही हवा यहाँ तक आती होगी। फेफड़े में चली जाए तो कैंसर हो जाएगा। जितना कम साँस लो, उतना ही सुरक्षित रहो।"

दूसरे नम्बर वाले भैया बड़े पिताजी के पुराने खयालात का मजाक उड़ाया करते थे। चाहे धार्मिक विचार हो या फिर सामाजिक रीति-रिवाज।

"पता है बाबूजी, आजकल यूरोप में ऑक्सीजन-बार खुल रहा है। उससे ज्यादा शुद्ध हवा थोड़े सुबह की होती होगी!"

छोटे राहुल को इन सब चीजों से कोई मतलब नहीं होता था। वह तो बस मौके की तलाश में होता था कि बड़े पिताजी हिलें तो वह फिर नींद का एक कोटा ले।

पूरब दिशा की तरफ देखा राहुल ने। सूरज की तलाश कर रहा था, लेकिन अभी काफी अँधेरा था। सूरज कहीं नजर नहीं आया, लेकिन उस तरफ से नजर नहीं हटा पाया राहुल।

"ऊधर ही कटिहार है और उसी से 60-65 किलोमीटर दूर बनमनखी। वहीं पर इस वक्त शालू होगी। मेरे और उसके बीच 1100-1200 किलोमीटर का फासला। काश, ये फासला मिट जाता! क्या कर रही होगी शालू? सो रही होगी? उसी की तरह जग रही होगी? उदास होगी? रो रही होगी? खुश होगी?"

दिल को उसके किसी सवाल का जवाब नहीं मिल पा रहा था। दिमाग दिल की हालत देखकर कुढ़ रहा था।

"बस कुछ घंटे और। और उसके बाद शालू किसी और की। किसी और के लिए सुहाग सेज सजाएगी शालू...और उसकी बाँहों में..."

राहुल के चेहरे पर पसीना छलक आया। काँप रहा था वह।

"नहीं, ये नहीं हो सकता...!"

"मतलब!" दिमाग को झटका लगा। "क्या कहना चाह रहा है तू?"

"वही जो तू समझ रहा है।" पूरे एपिसोड में पहली बार गुर्राया था दिल।

"शालू किसी और की बाँहों में! सवाल ही नहीं उठता है।"

दिमाग सहम गया।

"7.40 पर महानन्दा है। संडे को 10 बजे तक कटिहार पहुँच जाऊँगा।"

"क्या कह रहा है तू?"

"वही जो तू सुन रहा है।" दिल बागी हो चुका था। "किसी भी हालत में शाम तक बनमनखी पहुँच जाऊँगा। शालू की शादी किसी और के साथ नहीं हो सकती।"

''क्या कर लेगा तू वहाँ जाकर? शालू के घरवाले इतनी धुनाई करेंगे कि होश ठिकाने आ जाएँगे।''

''देख लूँगा, सबको देख लूँगा।''

''और शालू का क्या करेगा? वह भी तो तुझसे शादी करने के लिए तैयार नहीं।''

''मजबूरी में वह दूसरे से शादी के लिए तैयार हुई है। अपनी मर्जी से वह शादी नहीं कर रही है। एक बार मुझे देख लेगी तो बगावत कर देगी।''

''गलतफहमी है तेरी, चाहे तो खुशफहमी कह ले।''

''ठीक है गलतफहमी हो या फिर खुशफहमी। जो कुछ है मेरी है और अब तू अपनी बकवास बन्द कर, वरना ट्रेन छूट जाएगी मेरी।''

दिल पूरी तरह बागी हो चुका था। दिमाग लाख कोशिश करके भी दिल पर काबू नहीं पा सका।

संजय सात बजे उठा तो राहुल का बिस्तर खाली था। उसके तकिए पर एक चिट्ठी थी। संजय ने लपककर चिट्ठी उठा ली।

दोस्त...माफ करना...

''किस बात की माफी, साले?'' संजय बुदबुदाया।

कटिहार जा रहा हूँ?

''क्या?'' संजय उछलकर बिस्तर पर खड़ा हो गया।

अपनी जिन्दगी को इस तरह खोते नहीं देख सकता हूँ मैं। लास्ट चांस लेना चाहता हूँ। सक्सेस हो गया तो ठीक, नहीं भी सक्सेस हुआ तो कम-से-कम ये मलाल तो नहीं रहेगा कि मैंने अपनी शालू को पाने के लिए लास्ट एटेंप्ट नहीं लिया था।

''क्या?'' संजय तेजी से लेटर पढ़ रहा था।

देखता हूँ, कटिहार जाकर क्या कर पाता हूँ? तू अच्छी तरह पेपर देना दोस्त। संडे को एग्जाम के बाद बात करते हैं। बाय एंड बेस्ट ऑफ लक!

—राहुल

संजय सन्न रह गया। मोबाइल स्विच ऑफ बता रहा था राहुल का। ये साला राहुल! संजय को कुछ समझ में नहीं आ रहा था। भागा-भागा पहुँचा श्याम भैया के पास। अभी नींद में थे वे। शनिवार को कोचिंग नहीं जाना होता था, लिहाजा देर तक लम्बी तानकर सोते रहते थे, लेकिन संजय की बात सुनी तो उछलकर बिस्तर पर खड़े हो गए।

"कुछ कीजिए भैया, कुछ कीजिए। शालू का बाप इस साले को काटकर रख देगा। अपने इलाके का डॉन है, वो डॉन। उस पर से उसका होनेवाला दामाद भी उसी की तरह का है। एक्स एमएलए का बेटा है वो और ये साला चला है उनके घर जाकर अपनी शालू को लाने।" संजय सिर पकड़कर बैठ गया। श्याम भैया के भी होश उड़े हुए थे।

"क्या करेगा राहुल वहाँ जाकर?"

"साला, मजनूँ की तरह लैला-लैला पुकारेगा। और क्या करेगा? और उसकी लैला गाएगी... *कोई पत्थर से ना मारे मेरे दीवाने को*! साले को गोली मारेंगे वो सब, गोली। पत्थर से मारने का जमाना गया। और जैसा फिल्मों में दिखता है कि हीरोइन हीरो के आगे खड़ी हो जाती है और डॉयलॉग मारती है—पापा पहली गोली मुझे लगेगी, उसके बाद मेरी जान को, वो सीन भी नहीं होनेवाला है यहाँ! साले को देखते ही गोली मार देंगे सब। ...और उसकी शालू को खबर तक नहीं लगेगी।"

संजय बेचैन था। रुआँसा...श्याम भैया का भी कुछ दिमाग काम नहीं कर रहा था।

"पहले सुजीत को फोन लगा। क्या पता, उससे कुछ बात किया हो राहुल ने?" श्याम भैया ने संजय से कहा।

सुजीत से कोई बात नहीं की थी राहुल ने। तीन दिन पहले फोन किया था। पूछ रहा था शालू के बारे में, लेकिन सुजीत को खुद ज्यादा नहीं पता था। क्या बताता? बस उसको अच्छी तरह से पेपर देने की सलाह दी थी उसने।

"ये साला, कुत्ता, कमीना, लास्ट पेपर देगा? यूपीएससी के लास्ट चांस से ज्यादा प्यार का लास्ट चांस इसको रास आया। साला, आशिक की औलाद! अपनी जिन्दगी दाँव पर लगा बैठा है।" संजय भड़का हुआ था। सुजीत को समझाया श्याम भैया ने।

"देख, तू स्टेशन पर ही उसको थाम ले। किसी तरह उसको अपने कब्जे में ले। प्यार से माने तो ठीक। ना माने तो दो-चार दोस्त मिलकर उसको उसके घर पहुँचा दो। माँ-बाप को देखेगा तो सँभल जाएगा। किसी तरह उसको बनमनखी जाने से रोक।"

"भैया, ये साला फ्रॉड है फ्रॉड! बहुत बड़ा वाला फ्रॉड! इसको भी पता है कि हम ऐसा कर सकते हैं, इसीलिए तो किसी को कुछ नहीं बताया। मुझे भनक तक नहीं लगने दी। साला, महात्मा बुद्ध की तरह किताबों में खोया रहता था। फ्रॉड कहीं का! आप देखिएगा, ये साला कटिहार जाएगा ही नहीं। बीच में ही कहीं उतर जाएगा और वहाँ से बाई रोड बनमनखी पहुँच जाएगा। और वहाँ..."

संजय काँप उठा वहाँ के बारे में सोचकर।

''तो फिर क्या किया जाए?'' श्याम भैया भी कुछ सोच नहीं पा रहे थे। ''ये भी तो नहीं पता कि वह किस ट्रेन से गया है? एक ही टाइम पर महानन्दा और नॉर्थ ईस्ट है। क्या पता किस में सवार है? बोगी और सीट के बारे में पता होता तो रास्ते में किसी दोस्त को बोलता।''

''भैया, मुगलसराय में देर तक रुकती है ट्रेन। इंजन चेंज होता है वहाँ। आधे घंटे से ज्यादा देर तक ट्रेन रुकती है। वहाँ पर कुछ किया जा सकता है।''

''हाँ, वहाँ पर उसको पकड़ा जा सकता है। लेकिन पकड़ें कैसे? गुड, बनारस में ही अभी शशि है। रुक, अभी उससे बात करता हूँ।''

श्याम भैया के दोस्त थे शशि भैया। मुम्बई में जॉब करते थे, लेकिन रहनेवाले थे बनारस के। अभी बनारस आए हुए थे। श्याम भैया ने उन्हें पूरी बात बताई और राहुल के चार-पाँच फोटोग्रॉफ्स उनके मोबाइल पर भेजे। शशि भैया ने आश्वस्त किया कि वो अपने पाँच-छह दोस्तों के साथ स्टेशन पर जाएँगे और राहुल को मुगलसराय से आगे नहीं जाने देंगे। अगर मुमकिन हुआ तो रात की गाड़ी से उसे वापस दिल्ली ले आएँगे।

ट्रेन में राहुल अपने खयालों में खोया हुआ था। खिड़की से बाहर देखते हुए वह आगे की प्लानिंग कर रहा था। बनमनखी पहुँचना है और एक बार किसी तरह शालू से मुलाकात करना है, लेकिन कैसे? वह घर के अन्दर होगी, बाहर उसके भाई के गुंडे-मवाली। मुझे पहचानते भी हैं सब। बहुत दिमाग लगाया राहुल ने, लेकिन अभी तक कुछ तय नहीं कर पाया था कि आखिर शालू से मिलेगा कैसे वह? इस सवाल पर वह सुबह से उलझा हुआ था। पुलिस से मदद माँगने का एक बार खयाल आया, लेकिन दूसरे ही पल निकल गया।

''जाऊँगा तो सब पुलिसवाले मुझे ही शक की नजर से देखेंगे। लोफर है साला, लोफर! एक शरीफ लड़की को तंग कर रहा है। कोई ठीक नहीं कि मुझे पकड़कर अन्दर कर दें और शालू के बाप को फोन करके बख्शीश माँगने लगें।'' मन में मोटी गाली दी राहुल ने।

''साला, अजीब माइंड सेट है बिहार का। अगर कोई लड़का प्यार करता है तो इसका मतलब है कि जरूर वह लोफर होगा! हाँ, लड़कियों के मामले में जरूर थोड़ी रियायत दिखा देंगे। इसकी क्या गलती! बच्ची है, जरूर उसी लोफर ने बहका दिया होगा।'' इसी तरह के खयालों में खोया हुआ था राहुल। अचानक उसे खयाल आया कि ट्रेन तो इस स्टेशन पर बहुत देर से रुकी हुई है। माजरा क्या है?

मुगलसराय से दो-तीन स्टेशन पहले एक छोटे से हॉल्ट पर उसकी ट्रेन रुकी हुई थी। मन में ट्रेन को गाली दी—"लोगबाग ऐसे ही महानन्दा को महागन्दा एक्सप्रेस नहीं कहते हैं। रात के आठ बज चुके थे। जिस ट्रेन को पटना के पास होना चाहिए था, वह मुगलसराय से पहले खड़ी थी।"

झल्लाता हुआ नीचे उतरा राहुल।

"क्या!" सामने से आते एक पैसेंजर की बात सुनकर राहुल को लगा कि वह गिर पड़ेगा।

"हाँ, मुगलसराय के आगे एक ट्रेन पटरी से उतर गई है। इसीलिए सभी ट्रेनों को जहाँ-तहाँ रोक दिया गया है। जब तक ट्रैक क्लीयर नहीं होता है तब तक ट्रेन नहीं खुलनेवाली। और कब तक खड़ी रहेगी, किसी को नहीं पता।"

राहुल तेजी से स्टेशन मास्टर की केबिन तक पहुँचा। वहाँ भारी भीड़। लोग भड़क रहे थे, लेकिन भड़कने से होता क्या। स्टेशन मास्टर ने साफ-साफ कह दिया कि जो हालात हैं, उसको देखकर नहीं लगता है कि यह ट्रेन आज रात में खुल पाएगी।

राहुल को लगा कि वह बेहोश होकर गिर जाएगा।

"13 डिब्बे उतरे हैं पटरी से। खबर यह भी है कि पटरी भी उखड़ गई है। अब जब तक लाइन दुरुस्त नहीं होती है और सारे डिब्बों को हटाया नहीं जाता है तब तक तो ट्रेन खुलने से रही।"

"कोई दूसरी ट्रेन... ?" एक दूसरे मुसाफिर ने सवाल किया।

"पागल हो क्या, अरे, सुने नहीं कि न तो कोई ट्रेन आएगी, न जाएगी, कितनी बार समझाऊँ?" स्टेशन मास्टर भड़क गया।

ट्रेन कल खुलेगी, कल भी खुल पाएगी या नहीं, तय नहीं। और कल ही शालू की शादी। राहुल को लगा कि वह पागल हो जाएगा।

श्याम भैया को राहुल के फँसने की खबर मिल गई थी। शशि भैया ने पूरी बात बताई।

"हाँ श्याम, अभी मैं मुगलसराय स्टेशन पर ही खड़ा हूँ। रात में ट्रैक क्लीयर होने का कोई चांस नहीं है। भारी बारिश हो रही है और अब जो कुछ होगा, सुबह ही होगा।"

"और दिल्ली आनेवाली गाड़ी.. ?" श्याम भैया ने तेजी से पूछा।

"सारी गाड़ियाँ रोक दी गई हैं।"

श्याम भैया ने सिर ठोक लिया। बुरी तरह फँसा राहुल। अब न तो टाइम पर कटिहार पहुँच पाएगा, न ही दिल्ली। कम-से-कम दिल्ली आ जाता तो लास्ट पेपर दे लेता। लेकिन यह फोन क्यों नहीं उठा रहा है?

श्याम भैया ने फिर राहुल को फोन लगाया। लेकिन राहुल ने पहले की तरह फोन नहीं उठाया। श्याम भैया ने संजय को फोन लगाया।

''भैया, वो साला बाइ रोड बनमनखी पहुँच जाएगा। स्टेशन से निकलकर एनएच-2 पर पहुँचेगा। वहाँ से कोच पकड़कर पटना, फिर पटना से पूर्णिंया और उसके बाद शाम या रात तक बनमनखी और वहाँ पर साले को...''

बनमनखी की बात सोचकर काँप उठता था संजय। उसे अच्छी तरह पता था कि शालू के पिता कितने खूँखार हैं। कितने गुंडे-मवालियों को उन्होंने पाल रखा है। गैंडा भी उन्हीं की तरह था। और उस पर से लड़के का बाप बनमनखी का एक्स एमएलए। श्याम भैया भी परेशान हो उठे।

''तो क्या किया जाए संजय? ना तो ये फोन उठा रहा है। न ही मैसेज का जवाब दे रहा है?''

''पुलिस का सहारा लिया जाए भैया।''

''मतलब..!'' श्याम भैया थोड़ा चौंके।

''मतलब भैया ये कि आप पटनावाले अपने दोस्त से बात कीजिए। वही जो इनकम टैक्स कमिश्नर हैं। अगर वो पूर्णिया के एसपी को फोन करे दें तो इस साले की कम-से-कम जान बच जाएगी। ये साला किसी रास्ते से जाए, लेकिन जाएगा तो बनमनखी ही। वहीं पर इसे धर लिया जाए।''

श्याम भैया को आइडिया पसन्द आया। फोन पर अपने दोस्त को सारी बात बताई। काफी कुछ पता था उन्हें पहले से। शालू की सगाई उन्हीं की बदौलत रुकी थी। उसके बाप को अरेस्ट कराके रोका था सगाई को उन्होंने। संयोग से पूर्णिंया का एसपी परिचित निकला उनका।

''चिन्ता मत करो। उस लड़के को कोई छू भी नहीं पाएगा। जहाँ शादी होनेवाली है, मैं वहीं पर जवानों को तैनात कर देता हूँ। लड़का किसी रास्ते से आए, पहुँचेगा तो वहीं।''

संजय और श्याम भैया ने राहत की लम्बी साँस ली। राहुल के घरवालों को कुछ नहीं बताया था उन लोगों ने। वैसे भी वो क्या कर सकते हैं इस हालत में। बेवजह तनाव में आ जाएँगे।

''अब तू कुछ पढ़ ले संजय। आज आखिरी दिन है। सुबह से डिस्टर्ब हो गया तू। मैं सबके टच में रहता हूँ। राहुल का भी फोन ट्राइ करते रहूँगा। क्या पता, कभी जवाब दे। अभी तो रिंग जा रहा है, लेकिन वो उठा नहीं रहा है।''

"कमीना है साला, पता है हम लोग उसे रुकने के लिए कहेंगे। इसीलिए नहीं उठा रहा है। और अभी तो वह किसी तरह एनएच-2 पर पहुँचने की कोशिश कर रहा होगा। साले की रग-रग से वाकिफ हूँ मैं।"

गलत नहीं सोच रहा था संजय। राहुल वाकई इस वक्त एनएच-2 पर पहुँचने की कोशिश कर रहा था। इसी समय श्याम भैया का फोन आया लेकिन राहुल ने श्याम भैया का नाम देखते ही फोन बैग में रख दिया। उनके किसी मैसेज को पढ़ा तक नहीं था उसने। मन में बुरा लग रहा था उसे। सब उसके लिए इतने परेशान हैं और एक वह है जो न चाहते हुए भी सबकी परेशानी की सबब बना हुआ है।

"अब रोड ही उम्मीद की आखिरी किरण है।"

एक लोकल आदमी को पकड़ा राहुल ने, लेकिन उसने जो कुछ कहा उसे सुनकर सन्न रह गया राहुल।

"करीब 40-45 किलोमीटर दूर है एनएच और यहाँ से रात में जाने के लिए कोई सवारी नहीं होती है। पैदल चलोगे तो कल तक पहुँच सकते हो।"

अगले दो घंटे तक राहुल ने वहाँ से निकलने के लिए हर मुमकिन कोशिश की, लेकिन कोई फायदा नहीं हुआ। पास के गाँव में गया कि कोई गाड़ी मिल जाए तो किसी तरह एनएच तक पहुँच जाए, लेकिन सब व्यर्थ। रात का समय, उस पर से मूसलाधार बारिश। दो-चार आदमियों ने तो उसे पागल समझ लिया। राहुल खामोशी से स्टेशन पर वापस लौट आया।

"वाह रे मौला! लास्ट पेपर छोड़कर शालू के पास जाना चाहा तो वहाँ भी अड़ंगा लगा दिए! चूहे की तरह इस जंगल में फँसा दिया! शालू भी गई, लास्ट पेपर भी गया!"

अचानक जोर से हँस पड़ा राहुल। आसपास के लोगों की नजर तेजी से उसकी तरफ घूमी, लेकिन उन्हें राहुल की आँखों में आँसू नजर आए! किसी अजूबे की तरह सब देख रहे थे उसे।

राहुल बुत की तरह अपने एयरबैग पर बैठा हुआ था। दो-तीन बार श्याम भैया और संजय का फोन आया, लेकिन राहुल ने फोन पिक नहीं किया। क्या बात करूँ? यही सोच रहा था वह। तभी मोबाइल की घंटी फिर बजी। अनजाना नम्बर। कौन हो सकता है? श्याम भैया, संजय, सुजीत...एक के बाद कई नाम राहुल के दिमाग में घूम गए, लेकिन नम्बर ना तो दिल्ली

का था, ना ही कटिहार का। यूपी के किसी शहर का था। कौन हो सकता है? पता नहीं क्या सोचकर राहुल ने फोन उठा लिया। दूसरी तरफ शालू थी...

"तुम!"

चिल्ला पड़ा राहुल! लोगों की नजर फिर उसकी तरफ घूमी। अभी हँसते हुए रो रहा था और अभी इस तरह चिल्ला रहा है! पक्का कोई पागल है। कई लोगों के मन में खयाल आया। सब तेज नजरों से राहुल को घूर रहे थे, लेकिन राहुल तो दूसरी दुनिया में पहुँच चुका था।

"शालू...तुम! कहाँ हो तुम! फोन कैसे किया!" शालू को कुछ बोलने का मौका ही नहीं दे रहा था राहुल। हाँफ रहा था वह।

"राहुल, मैं मुगलसराय में हूँ। तुम कहाँ हो?"

"मुगलसराय में तुम हो! शालू! तुम मुगलसराय में हो!"

"हाँ, हाँ, तुम कहाँ हो?"

"मैं भी मुगलसराय के पास हूँ।" जल्दी से स्टेशन का नाम बताया राहुल ने।

"क्या बात कर रहे हो! लेकिन तुम यहाँ क्या कर रहे हो राहुल! तुम्हारा तो कल लास्ट पेपर है। दिल्ली में!" शालू की तेज आवाज गूँजी।

"बताऊँगा, सब बताऊँगा, पहले ये बताओ तुम मुगलसराय में कहाँ पर हो?"

शालू ने एनएच पर बने एक होटल का नाम बताया।

"होटल के सामने ही पीसीओ बूथ है। मैं वहीं पर हूँ।"

"लेकिन तुम वहाँ पर क्या कर रही हो?"

"मैं दिल्ली जा रही थी राहुल। तुम्हारे पास।"

"क्या!"

"हाँ, मैं घर छोड़कर भाग आई हूँ राहुल।"

"वहाँ के किसी लोकल आदमी को फोन दो, जल्दी शालू, जल्दी!"

शालू बुरी तरह घबरा गई। क्या हो रहा है ये! ये राहुल यहाँ क्या कर रहा है? जल्दी से उसने पीसीओ वाले को फोन दिया। राहुल ने पीसीओ वाले को अपना लोकेशन बताया और कहा कि वो प्लीज, किसी किराए की गाड़ी के साथ इस लड़की को स्टेशन पर भेज दे। रास्ता ठीक से बताकर।

"राहुल, गाड़ी मेरे साथ है। मैं अपनी गाड़ी से ही यहाँ आई हूँ।"

"क्या!"

"हाँ, मैं अपनी गाड़ी से ही भागकर आई हूँ। रामू काका भी मेरे साथ हैं।"

"रामू काका!"

"हाँ, मेरे ड्राइवर हैं। तुम परेशान मत हो राहुल। मैं अभी पहुँचती हूँ तुम्हारे पास।"

एक बजे के करीब शालू पहुँची राहुल के पास। देखते ही लिपट गई उससे। लगातार रोए जा रही थी वह। राहुल भी रो रहा था, लेकिन वो खुशी के आँसू थे। राहुल गाड़ी के पास पहुँचा तो देखा दो बच्चे सो रहे हैं।

"ये कौन है! अरे ये तो गोलू है! ये तुम्हें कहाँ मिल गया?" अपने भतीजे को शालू की गाड़ी में देखकर हैरान रह गया राहुल। "और ये बच्ची कौन है?"

"मेरी भतीजी।"

"मतलब, माजरा क्या है शालू!" राहुल को कुछ समझ में नहीं आ रहा था।

"पहले गाड़ी में तो बैठो। फिर बताती हूँ तुम्हें सारी बात। लेकिन रुको, पहले ये बताओ, कल कितने बजे पेपर है?"

"दस बजे।" बहुत देर बाद राहुल को अपने लास्ट पेपर का खयाल आया।

"अभी एक बज रहा है। एनएच पहुँचने में करीब एक घंटा लगेगा। रामू काका उसके बाद आठ घंटे। पहुँचा दोगे, काका? कल दिल्ली में राहुल का लास्ट पेपर है।"

"हाँ, हाँ बेटी। तुम बेफिक्र रहो। बाबा विश्वकर्मा का हाथ है मेरे ऊपर। हर समय बाबा ने मेरी लाज बचाई है। बाबू कल पेपर जरूर देंगे। बस अब आप लोग देर मत करो। जल्दी से गाड़ी में बैठ जाओ।"

रास्ते में शालू ने जो कुछ बताया वह सुनकर राहुल दहल उठा। उसने सोचा भी नहीं था कि गैंडा इतनी नीच हरकत कर सकता है। अपने भाई के काले कारनामे बताने के साथ-साथ रो रही थी शालू।

"जब उसने गोलू को मेरे सामने खड़ा कर दिया तो मैं बेबस हो गई थी राहुल। उसके सिर के ऊपर सिक्सर तान दिया था उसने। या तो शादी करो या फिर..."

शालू रोए जा रही थी। राहुल उबल रहा था।

"मुझे तुम्हारी कसम याद थी राहुल, लेकिन गोलू की जिन्दगी तो उस कसम से बड़ी थी। गोलू की वजह से मैं मजबूर हो गई थी राहुल।"

"उसके बाद..."

"तीन दिन तक मैं कुछ नहीं कर पाई राहुल। मुझे और गोलू को किसी फॉर्म हाउस में रखा था भैया ने। चारों तरफ उसके गुंडे थे। भागने की कोई गुंजाइश नहीं थी।"

"लेकिन गोलू के किडनैप की बात मुझे क्यों नहीं पता चली? घर से भी किसी ने नहीं बताया?"

"वो भी भैया की चाल थी। उसने किसी और से फोन कराकर 20 लाख रुपए फिरौती के तौर पर माँगे थे। 20 लाख रुपए दो और गोलू को ले जाओ। और अगर किसी को बताया या पुलिस के पास गए तो...तुम्हारे घरवालों ने तुम्हें शायद इसलिए नहीं बताया होगा कि तुम्हारा लास्ट पेपर बचा था। तुम्हारे पापा जमीन बेचकर पैसे का इन्तजाम कर रहे थे राहुल।"

राहुल सन्न रह गया।

"और तुम्हारी जमीन भी भैया ही खरीद रहा था। किसी और को सामने करके। तुम्हारे पूरे परिवार को सड़क पर लाने की साजिश रची थी उसने।"

"तुम्हें कैसे खबर लगी?"

"आज ही खबर लगी। फॉर्म हाउस पर भैया अपने एक गुर्गे से बात कर रहा था, लेकिन उसे खबर नहीं थी कि मैं छुपकर सारी बात सुन रही हूँ।"

"फिर क्या किया तुमने?"

"मैं समझ गई कि मेरी शादी के बाद भी भैया गोलू को छोड़नेवाला नहीं है। तुम्हारे पूरे परिवार को बर्बाद करने के मूड में था वो। मैं किसी कीमत पर गोलू को लेकर यहाँ से निकलना चाहती थी। लेकिन कोई रास्ता नजर नहीं आ रहा था। जैसे-तैसे रामू काका से बात हो पाई। और आखिर में मैंने मोनी पर दाँव खेला।"

"मतलब!"

"मोनी के गले पर चाकू रख दिया।"

"क्या!" राहुल उछल पड़ा!

"हाँ, राहुल, बताया तो। मेरे पास और कोई चारा नहीं था। मैंने हर तरह से कोशिश करके देख लिया था, लेकिन बात नहीं बन रही थी! घरवाले सब भैया के साथ थे। भागने का कोई रास्ता नहीं था! आखिर में मैंने सब्जी काटनेवाला चाकू मोनी के गले पर रख दिया।"

राहुल हैरान होकर शालू का चेहरा देख रहा था।

"फिर क्या, आ गए सब बैकफुट पर। सबको लग रहा था कि मैं पागल हो चुकी हूँ। मैंने अपने हाथ से थोड़ा खून निकालकर मोनी के गले पर लगा दिया था। सबको लगा कि मैंने मोनी के गले पर चाकू चला दिया है।"

राहुल दंग रह गया।

"मोनी के डर से कोई सामने नहीं आया और मैं किसी तरह गोलू को लेकर निकल आई। बेचारी मोनी की रुलाई देखकर मुझे भी रोना आ रहा था

लेकिन किसी तरह दिल को कड़ा किया था मैंने। बिहार में कहीं गाड़ी नहीं रोकी, यूपी पहुँची तो तुम्हें फोन किया।''

राहुल अजूबे की तरह देख रहा था शालू को। देखने में इतनी शान्त लेकिन इतना खतरनाक कारनामा! प्यार से गले लगा लिया उसने शालू को। काफी देर तक दोनों यों ही बात करते रहे। शालू अपनी बात, राहुल अपनी बात...

''अब तुम कुछ देर सो जाओ, राहुल। कल तुम्हारा लास्ट पेपर है।'' शालू ने उसका सिर अपनी गोद में रखा और थपकी देकर सुलाने लगी।

कार तूफानी रफ्तार से भाग रही थी। कटिहार में रामू काका की स्लो ड्राइविंग पर बहुत ताना मारती थी शालू। कहती थी कि काका तुम कार ड्राइवर बनने से पहले बैलगाड़ी ड्राइवर थे क्या? लेकिन इस वक्त शालू को लग रहा था कि काका तो कार ड्राइवर बनने से पहले बुलेट ट्रेन के ड्राइवर रहे होंगे। बुलेट ट्रेन की रफ्तार से दिल्ली की तरफ भाग रही थी कार। शालू भगवान से प्रार्थना कर रही थी कि किसी तरह से राहुल लास्ट पेपर दे ले।

पिछले एक सप्ताह से नींद के लिए तरस रहा राहुल। शालू की गोद में तुरन्त सो गया। लेकिन बीच में नींद खराब हो गई। फिर डिस्टर्ब किया कृष्ण मुरारी ने!

''और बेटे क्या हाल है?'' हँस रहे थे भगवन्।

''मजे ले रहे हो भगवन्!''

''नहीं, बस ऐसे ही थोड़ा हालचाल लेने चला आया था।''

''क्यों, राधा रानी ने घर से भगा दिया है क्या?''

हँस पड़े भगवन्। राहुल भी हँस पड़ा। हँसी रुकी तो थोड़ा सीरियस था राहुल।

''भगवन्! सच सच बताओ! आप तो अन्तर्यामी हो, त्रिकालदर्शी! भूत-भविष्य सबकी जानकारी रखनेवाले! आपको तो सब कुछ पहले से पता था।''

''कुछ, कुछ...''

''तो फिर आपने मुझे बताया क्यों नहीं? अगर मुझे पहले से पता होता कि शालू भागकर मेरे पास आ जाएगी तो मेरी इतनी दुर्गति तो नहीं होती। लास्ट पेपर को लेकर इतना सस्पेंस तो क्रिएट नहीं होता। आपने मुझे पहले बताया क्यों नहीं, भगवान?''

''बता देता तो मुझे कैसे पता चलता कि तुम दोनों एक दूसरे को इतना प्यार करते हो?''

"मतलब!"

"सीधा मतलब है। मुझे भी तो पता करना था कि तुम दोनों के मन में एक दूसरे के लिए कितना प्यार है। उसी को जानकर तो मुझे भी आगे का फैसला करना था।"

"क्या?"

"यही कि तुम दोनों को मिलाना है या नहीं।"

राहुल अजूबे की तरह देख रहा था कृष्ण मुरारी को। उनकी बातें उसके सिर के ऊपर से गुजर रही थीं।

"प्रभु! आप कहना क्या चाहते हो? मुझे कुछ समझ में नहीं आ रहा है।"

"क्या समझ में नहीं आ रहा है? अरे मुझे भी तो तुम दोनों के आगे की जिन्दगी की पटकथा लिखनी थी। आखिरी फैसला करना था कि तुम दोनों को मिलाना है या नहीं। उसी को जानने के लिए तो इतना कुछ किया। अब जब देख लिया कि तुम दोनों एक दूसरे को बेइन्तहा प्यार करते हो, तो फिर हैप्पी इंडिंग की स्क्रिप्ट लिख दी!"

"और अगर प्यार में कमी पाते तो?"

"तो फिर सॉरी इंडिंग। लोग तुम्हारी कहानी सुनते और कहते—सो सॉरी!"

"मतलब भगवन, आप सब पर नजर रखकर उसकी आगे की पटकथा लिखते हो?"

"हाँ, और बीच-बीच में लोगों के लक्षण देखकर पटकथा चेंज भी करते रहता हूँ।"

"मतलब, अगर अभी आपको लगे कि मैं शालू को नहीं चाहता हूँ तो... ?"

"तो क्या, तुम दोनों के अलग होने की पटकथा लिख दूँगा। फिर कोई नया सीन क्रिएट कर दूँगा। वो तो मेरे बाएँ हाथ का काम है। कई लोगों को तो मिलाने के बाद भी अलग कर देता हूँ।"

"प्रभु, फिर तो आप बड़े जालिम हो!"

हँसने लगे भगवन, "अरे नहीं राहुल, मैं तो कुछ भी नहीं हूँ। मैं तो बस वही करता हूँ जो लोग चाहते हैं। अन्तर्यामी हूँ, इसीलिए सबके मन की बात जान जाता हूँ।"

राहुल भौंचक्का होकर प्रभु की बात सुन रहा था।

"लेकिन प्रभु, पिछली मुलाकात में तो आपने कहा था कि शालू की नियति उसे वहीं ले जाएगी, जहाँ उसको जाना है। लेकिन अभी कह रहे हो

कि मैं हर वक्त सबकी लाइफ में उलट-फेर करता रहता हूँ। तब फिर इस नियति, डेस्टिनी का फंडा क्या है?'' राहुल को प्रभु की पिछली बात याद आ रही थी।

''बेटे, जिसे तू नियति, डेस्टिनी कह रहा है, वह भी तो कर्म से जुड़ी हुई है। कभी गीता के मूल अर्थ को समझने की कोशिश करना। लेकिन तुम लोग वह तो करोगे नहीं। बस गोपियों के साथ मेरे रासलीला के किस्से को नमक-मिर्च लगाकर मजे लोगे।''

''भगवन्, वह तो...''

''हाँ, हाँ, अब ज्यादा सफाई मत दो। लोगबाग मुझसे डरते हैं, मुझे खुश करने के लिए मेरी पूजा करते हैं और एक तुम लोग हो...''

''प्रभु, वो सब बस ऐसे ही...टाइम पास! प्लीज, डोंट माइंड! प्रभु, आखिरी सवाल। ये जो लोग आपको पटाने के लिए इतना पूजा-पाठ करते हैं, व्रत रखते हैं, आपको घूस देते हैं, उससे पटते हो आप? काम करते हो उनका?''

हँसने लगे प्रभु...''तुम नहीं सुधरनेवाले। कल लास्ट पेपर है, लेकिन उसकी चिन्ता छोड़कर मेरी व्यवस्था दुरुस्त करने में लगे हो। आज इस बात का जवाब नहीं दूँगा। इस बात का विस्तार में जवाब फिर कभी दूँगा। अभी अपने लास्ट पेपर की सोचो। देखो, रामू काका कितनी मेहनत कर रहे हैं। और एक तुम हो जो रामू काका की हेल्प करने की जगह पर आराम से माशूका की गोद में आराम फरमा रहे हो।'' हँस रहे थे भगवान।

नींद में राहुल मुस्करा रहा था। भगवान हँसते-हँसते चले गए। उनकी हँसी से राहुल की नींद खुल गई। लेटे-लेटे कार से बाहर की तरफ देखा। हँसते-मुस्कराते सूरज ने उसका गर्मजोशी से स्वागत किया।

'रात के अँधेरे में अपनी माशूका को लपेटे में लेकर रहता है सूरज, इसीलिए सुबह हँसता-मुस्कराता रहता है। दिन में उजाले की वजह से माशूका को लपेटे में नहीं ले पाता है। इसीलिए गर्म हो जाता है।' संजय की बातें याद कर हँस पड़ा राहुल।

एग्जाम सेंटर के बाहर ही मिल गया संजय। राहुल को देखकर भौंचक्का! ये साला कहाँ से पहुँच गया! और जब उसने राहुल के पीछे शालू को देखा तो लगा कि वह कोई सपना देख रहा है। तेजी से एक थप्पड़ अपने गाल में मारा। काफी देर तक हक्का-बक्का खड़ा रहा। संजय करीब आया तो उसे कसकर एक घूसा माँरा, फिर खुशी से गले लगा लिया उसने शालू को!

"साले, दोस्त को घूँसा मारते हो और उसकी गर्लफ्रेंड को गले लगाते हो! कमीने, आराम से! आराम से! इमोशनल चांस मत मार! मत भूल, भाभी माँ समान होती है!" राहुल ने मजा लिया।

"नहीं! देवर मतलब, द्वितीय वर। दूसरा वर, पहले वर से मन भर जाए तो दूसरा वर हाजिर।" शालू ने राहुल की खिंचाई की। संजय की आँखों में खुशी के आँसू थे।

"अब जल्दी से तुम दोनों अन्दर जाओ, 10 बजनेवाले हैं।" शालू ने दोनों को एग्जाम हॉल के अन्दर भेजा।

शालू दिन-भर एग्जाम सेंटर के बाहर बैठी रही। गोलू और मोनी से खेलते हुए। एग्जाम के बाद शाम को सब श्याम भैया के रूम पर पहुँचे। गोपी और अब्दुल पहले से वहाँ मौजूद थे। सबकी वही हालत हुई जो संजय की हुई थी।

"भैया, पूरी बात बाद में सुनिएगा। पहले जल्दी से सात फेरे का इन्तजाम कीजिए।" संजय तेजी से बोला।

"मतलब...सात फेरे! यहाँ पर!"

"हाँ, हाँ, सात फेरे। यहीं पर आग जलाइए और जल्दी से दिलाइए सात फेरे। वर-वधू मौजूद हैं, सहबाला, सहबाली भी हैं! ये साला गोपी, लड़की का मामा बनेगा और आप लड़के के गॉर्जियन। चल अब्दुल, जल्दी से पंडित बन जा और शादी करा। अबे साले! आग जलाने के लिए घी नहीं है तो क्या हुआ? दारू तो है, डाल कुर्सी पर, भक्क से आग जल जाएगी और दिला जल्दी से सात फेरे। अब और रिस्क नहीं। क्या पता, इन दोनों की लव स्टोरी में फिर कोई लोचा हो जाए! अभी इंटरव्यू बाकी है मेरे दोस्त!

संजय की बात सुनकर सब लड़के हँस पड़े। शालू मुस्करा रही थी, बच्चे ताली पीट रहे थे!

❑❑❑